먼동 김정의 교수 정년기념 부부 포토 에세이

인간과 문명 그리고 자연

먼동 김정의 교수 정년기념 부부 포토 에세이

인간과 문명
그리고 자연

김정의 · 최금숙

혜안

우리 부부에게 올해는 특별한 해입니다. 생의 반려로서 사랑과 정성
으로 서로 섬기며 산 지 36년째입니다. 청초했던 아내는 어느새 회갑
의 해가 되었습니다. 저 또한 정년에 이르렀습니다.

그동안 우리 부부는 나름대로 열심히 살았습니다. 각자의 전공이 달
랐기에 상대방의 사고구조는 일치하지 않았습니다. 그러나 이과 출신
인 아내와 문과 출신의 저는 서로에게 꼭 필요한 존재였습니다. 자신
의 부족한 점을 상대를 통하여 서로 보완할 수 있었기 때문입니다.

여기에 만족하지 않고 우리는 공통의 취미를 만들어 갔습니다. 그 일
치된 취미가 여행과 산행이었습니다. 여행과 산행 중의 대화는 우리
부부를 세월의 흐름과 더불어 좀더 건강한 사랑으로 키워 갔습니다.

여행과 산행은 우리에게 자연관찰의 기회를 많이 포착하게도 만들어
주었습니다. 그것을 기록으로 남기고 싶어져 자연히 사진을 자주 찍
게 되었습니다. 이것이 저에게는 자연관찰에 연이은 새로운 취미 생
활로 자리잡아 갔습니다. 그렇지만 사진촬영은 출사다, 편집이다, 업
로드 작업이다 하여 시간을 많이 빼앗아 갔습니다.

비례하여 아내와 공유의 취미생활과 대화는 줄어갔습니다. 이 간극을

아내는 연필화를 그리는 데 점차 몰입함으로써 좁혀가려고 시도하였습니다. 이제는 상대의 취미생활을 서로 존중하고 격려해 주는 위치에 올라섰습니다.

그러면서 제가 촬영한 사진과 아내가 그린 연필화의 숫자가 제법 많아졌습니다. 이러한 서로간의 생산적인 취미생활이 급기야 「사진전시회」까지 불러왔습니다. 이 때 작가 소개용으로 그려준 아내의 연필인물화 1점은 저의 사진작품 29점의 평판을 크게 웃돌았습니다.

여기에 용기를 얻어 마침 혜안의 오일주 사장님의 요청도 있고 해서 '먼동 김정의 교수 정년기념 부부 포토 에세이'를 출간하기에 이르렀습니다. 책은 4편으로 구성하였습니다. 제1편은 「인간 만사」, 제2편은 「문명의 체감」, 제3편은 「자연과 더불어」, 제4편은 아내가 쓰고 그린 「삶의 편린」으로 짰습니다. 그리고 부편은 5월에 열었던 '라프리카' 사진전의 전시작품에 몇 장의 이미지를 추가하였습니다. 각 편은 40개씩의 포토에세이로 꾸몄습니다. 다만 부편은 구성의 성격상 제목만 달았습니다.

막상 출간을 하려 하니 두려운 마음이 이는 것을 어떻게 할 수 없습니다. 그것이 저에게나 아내에게나 모두 단순한 취미생활의 결과물이기 때문입니다. 아무튼 일은 저질러졌습니다. 이제는 자연이 숨쉬는 동심의 내일로 돌아가겠습니다. 그리고 여생의 새로운 전기로 삼겠습니다.

그동안 저희 부부를 사랑해 주신 모든 분들에게 감사의 인사를 드립니다. 그동안 고마웠습니다. 항상 보람차고 행복한 나날이 되시길 빕니다.

'내일은 새로운 먼동이 틉니다.'

2007년 8월 3일
김정의 · 최금숙

차례

8

제2편 문명의 체감 75

제3편 자연과 더불어 131

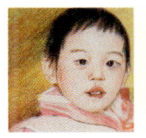

제4편 삶의 편린 197

부편 라프리카(LAFRICA) 299

제1편 인간 만사

서

세상을 살면서
안된 것은 내 탓이었지만,
잘된 일은 타인의 공으로 여기며 사는 삶이 되기를…….

꿈

지난 길은
암운 감도는
길도 없는 길.

그 길에서
수림 헤치며
꿈을 키웠지.

앞으로도
꿈을 품고
헤치며 가리라.

나를 찾아서
참을 찾아서

새날

호수의 물은 말라도
동녘의 해는 솟아오네
풀숲의 이슬은 자취를 감춰도
눈가에 이슬은 맺힌다.

먼 먼 북한산이 곁으로 오며
내 마음을 포근히 감싸주는 듯
바람도 시간도 멈춰 섰는데
분단된 조국은 흘러만 간다.

불어라 새날의 뭇별 물결아
미리내 이루며 두둥실 두둥실

그 얼굴 그 목소리

고운 마음이 피어나는
사랑스런 얼굴

나만을 생각한다는
다정한 목소리

그 얼굴 그 목소리에 심취되어
그미를 내 영혼에 담는다.

추억의 스크린

학창생활이 아름다운 줄은 그 때엔 미처 몰랐다.

그런데 아련한 그 추억이 지금은 그립다.

젊은 시절의 학우들이여

어떻게들 지내고 있는가?

자주 만나고 싶다.

청춘의 활보

생기발랄한 청춘의 젊은이들이다.

젊음은 그 자체가 돈 명예 권력보다도 가치가 있다.

청춘은 가슴을 설레게 하는 단어다.

청춘은 순수하다.

청춘은 젊음의 피가 끓는다.

끓는 만큼 열정이 있다.

젊은이는 미래가 있다.

젊은이는 희망이 있다.

젊은이는 가능성이 있다.

젊은이는 생동감이 있다.

그래서 젊은이들은 활기가 넘치나 보다.

여보, 내 맘 알지

아내의 생일은 2월 5일
입춘은 2월4일
아내의 생일은
봄을 앞세우고 온다.
남녘으로부터
매화가 피기 시작하고
동백꽃 소식이 전해 온다.

아내의 생일은
소중한 날

내가 사랑하고
날 사랑하는 사람의 생일이니까
오늘
내 소원은
오직 하나

아내가
몸도 마음도 건강하게
오래 오래
내 곁에 있어줬으면 하는 것

여보,
내 맘 알지.

그대는 내 존재의 근원
사랑하오.

만물의 영장다운 삶

생명체들은 아무리 작아도 오묘하고 신비하다.
작은 꽃이라 시선을 못 끄는 꽃조차도 있을 것은 다 있다.
그리고 덩치 큰 꽃의 한살이와 마찬가지다.

민초도 오장육부를 다 갖추고 살고 있다.
노숙자라 하더라도 입고 먹고 잔다.
기본적인 생존의 법칙을 지키고 있는 것이다.
잘 입고 잘 먹고 좋은 집이냐 그렇지 않냐 하는
삶의 질의 문제일 뿐
하루에 세 끼 먹고 사는 것은 마찬가지다.

자연에 대한 인간의 이기심, 민초에 대한 있는 자에 오만함은 인간의 어리석은 작태일 뿐이다.
인간이 만물의 영장이라면 더불어 행복하게 살아야
만물의 영장다운 존심이 아닐까?

메타세콰이어

무연히 베란다 창밖으로 눈길을 돌린다.
집 앞의 아름드리 메타세콰이어 나무는 수호곡이다.
그늘도 만들어 주고
소음도 막아준다.
공기도 맑게 해주고
눈도 푸르게 해준다.
매미, 까치를 끌어들이고
창문의 발도 되어준다.

메타세콰이어 나무의 성장을 지켜보는 즐거움은
여기서만 한 세대의 성상을 산 보람이다.

그동안 큰 아들, 작은 아들이 혼인을 했고
우리 부부는 이순을 얻었다.

그래서 이사 갈 엄두를 못 낸다.
창밖의 메타세콰이어 나무에 반해서
작은 이 우주에서 기꺼이 안주한다.

그러나 요즘은 걱정도 생겼다.
재개발을 할 거란다.
지금이 좋은데
이보다 더 좋아질까.
나는 이럴 때 무력해진다.

우리의 아버님들

우리의 아버님들
온 생애를 바쳐 독립운동에
북한군 침략 격퇴에
경제도약에 헌신하셨다.

그러나 지금은 황혼
이른바 386세대에게 짐으로 여겨지고 있지는 않은지?
지금 아버님들은 무슨 생각들을 하고 계실지?
행여라도 이 분들을 서운하게 해드려선 안 될 것이다.

아버님들 겨울이 왔습니다.
그래도 위축되지 마시고 힘내세요.
그리고 당당해지세요.
아버님들을 마음 속 깊이 존경합니다.
우리의 자랑스러운 시대를 만들어 주신 공덕
이 은공 대대손손 알려드리겠습니다.

아버님들
대단히 고맙습니다.

티 없는 어린이

"하늘의 무지개를 바라보면 내 가슴은 뛰노라."
대지의 들꾀꽃을 바라보면 내 영혼은 살찌노라.
티 없는 어린이를 바라보면 내 얼굴은 꽃피노라.

어린이날 단상

어린이들이 마음껏 뛰어놀 수 있는 나라
장애를 가지신 분들이 자연스럽게 살 수 있는 나라
여자로 태어난 것이 행복하게 생각되는 나라
불우한 분들이 이 나라를 자랑스럽게 나의 조국이라고 생각하는 나라
모든 이들이 조국에 대하여 절로 충성심이 우러나올 수 있는 나라

그러한 나라가 사람이 살 만한 나라라고 생각된다.
그러한 나라가 행복지수가 높은 나라라고 생각된다.
그러한 나라가 선진국가라고 생각된다.
그러한 나라가 복지국가라고 생각된다.
그러한 나라가 지상낙원이라고 생각된다.

그러한 나라를 만들기 위해
온 국민이 혼연일체로 정성을 모았으면 좋겠다.

우화 '소년과 물새알'

어느 바닷가 마을에 한 어린 소년이 살았다. 소년은 날마다 바닷가에 나가 파란 하늘, 하얀 물새, 밀려오는 파도와 놀았다.

그러던 어느날 소년은 물새 알 하나를 발견했다. 아주 예쁘게 생긴 물새알을 주운 소년은 얼른 집에 돌아와 어머니에게 보였다. 어머니는 아무말 없이 물새알을 맛있게 요리해서 아들에게 먹였다.

다음 날도 소년은 바닷가에 나갔다. 하지만 소년은 이제 파도와는 놀지 않았다. 하루 종일 물새알만 찾아헤맸던 것이다. 어쩌다 물새알을 찾으면 손뼉을 치며 기뻐했고 하나도 못 찾을 때는 어깨가 축 늘어졌다.

그 날도 물새알을 못 주워 힘없이 집으로 돌아가는데 건너 마을 외딴 집에서 꼬꼬댁 거리는 소리가 들렸다. 처음 듣는 소리라 이상해서 가까이 가보니 암탉이 알을 낳고 내는 소리였다. 소년은 물새알과 비슷한 달걀을 가지고 집으로 돌아 왔다. 어머니는 또 말없이 그것을 요리해 주셨다.

그래서 그 소년은 다음 날부터는 바닷가로 나가는 대신 닭장 옆에 숨어서 닭이 알을 낳기만을 기다렸고, 그렇게 시작된 소년의 도둑 버릇은 어른이 되어서는 더욱 규모가 커져 결국 교수대의 이슬로 사라지게 되었다.

사형이 집행되기 전 소년은 눈물을 흘리는 어머니에게 이렇게 말했다. 어머니, 제가 어린 시절 물새알을 주워 왔을 때 어머니께서

"애야, 어미 물새가 알을 찾느라 얼마나 애태우며 헤매겠니? 어서 그 알을 제자리에 갖다 놓으렴."

하고 가르쳤더라면 오늘 제가 이렇게까진 되지 않았을지도 모릅니다.

그렇다. 우리는 어릴 때부터 좋은 습관을 길러야 한다. 커서 어머니가 되면 자식을 정직하게 키워야 한다. "한 시간을 행복하게 살려면 이용을 하고, 일 년을 행복하게 살려면 혼인을 하고, 평생을 행복하게 살려면 정직하라."는 말도 있다.

요즘 나라 안이 온통 거짓말, 협박, 공갈, 도청, 감청들로 난무한다.

거짓말에 가장 도가 튼 분이 제일 영달하고, 그 다음은 거짓말 수준의 정도에 따라서 자리가 매겨지나 보다.

이래 가지고는 후손에게 떳떳하지 못하다. 뿐만 아니라 후손들을 세계사 속에서 파멸로 인도하는 지름길이다. 정직은 최상의 무기다. 정직의 정도에 따라서 자리가 매겨지는 사회가 됐으면 좋겠다. 그것이 후손에게 더없이 훌륭한 교육이 되리라고 생각한다.

행복한 여생을 위해서 행복한 사회를 위해서 정직하지 못했던 자신부터 깊이 참회하며……

천연 동심

40 고개를 넘으면 자기 얼굴은 자기가 책임진다는 말을 들은 적이 있다.

이 두 분은 신승우 님과 여운 님이시다.

지금 50대다.

이제까지 자기 직분과 소신에 충실하며 자기실현을 하신 분들이다.

성형수술은 한 일이 없다.

그런데도 그 얼굴에서 동심이 묻어나고 있다.

세상에서 가장 귀한 사람은 행동과 모습에서 동심이 배어나오는 분들이다.

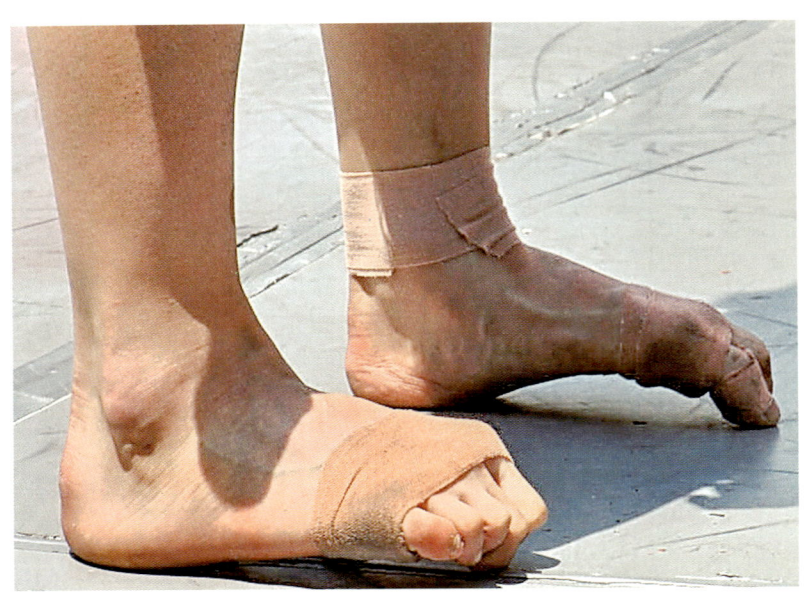

발레리나의 발

무용수들은 나비같이 사뿐사뿐하다.
무용수들은 토끼같이 깡충깡충한다.

무용수들은 경쾌하고 순발력이 있다.
무용수들은 춤동작이 더할 나위 없이 아름답다.
그야말로 움직이는 예술이다.

그러나 그 발을 보면
눈물겹다.
눈물겨움의 산물이 무용인가 보다.

사랑하는 가족

자손들아

하늘에 대하여 외경심을 품어라.

자연을 스승으로 섬겨라.

인간애의 마인드를 가져라.

하늘은 스스로 돕는 자를 돕는다.

자손들아

서로 사랑하라.

서로를 배려하라.

서로에게 정성을 다하라.

'가화만사성家和萬事成'은 금언이다.

자손들아
참을 '인忍' 자를 가슴에 새겨라.
원한은 폭포수에 새겨라.
그러나 은혜는 화강암에 새겨라.
세상살이는 '원융무애圓融無碍' 다.

자손들아
사랑은 내리 사랑이란다.
큰 아들 작은 아들, 큰 며느리 작은 며느리, 그리고 손주들아
아무런 조건 없이 너희들을 사랑한다.
하늘이 보내준 소중한 가족이니까.

인생길의 종착역

길의 끝은 어디일까?
길은 어딘가로 끝없이 이어진다.
다만 인간은 그 길을 선택할 뿐이다.

선택한 길을 최선이라 생각하고 걸어간다.

때론 뛰어가고
때론 쉬어간다.
때론 돌아서 가고
때론 다른 길로 가본다.

인생길의 종착역은 어딜까?

시선집중

휴게소에서 한 어린이가 아장 아장 걸어간다.
뒤에는 강아지처럼 끈이 달린 채……
그 끈을 젊은 엄마가 쥐고 뒤따른다.
커피를 마시면서……

길을 가던 사람들은 모두 어린이에게 시선을 집중한다.
그런데 그 표정들은 각기 다르다.
재밌어 하는 사람
혀를 차는 사람
어리둥절 하는 사람 등등
모두들 다르게 받아들이고 있다.

과연 어떻게 해석해야 할지 아직도 답이 안 나온다.

순간이여 영원하라

한 생애에서 이보다 더 행복한 순간이 있을까?

신랑신부도

부케를 받을 처녀도

바라보는 친구들도 모두 행복한 표정이다.

순간이여 영원하라.

민초의 풍상

오만가지 풍상을 견뎌낸 모습이다.
오만가지 풍상이 녹아든 모습이다.

출생과 더불어
주권을 강탈당한 식민지 노예시대

성장과 더불어
동족상잔의 외세 대리전쟁시대

자식을 키우며
허리띠를 졸라 매고 일만 하던 시대

손자들이 자라면서
최루탄이 난무하던 화염병시대

그리고 손자의 졸업과 동시에 찾아온
무력증의 백수시대

그 시대의 끝은 허탈이었습니까?
보람이었습니까?

애연한 행복

가슴 속 밑바닥에서 우러나는
깊고 뜨거운 밀어를
농밀히 속삭이면서도
정작 그대에게 글을 쓰려면
필이 무뎌짐은 어인 일입니까?

새벽 놀을 헤치고
뭉클 뭉클 솟아오르는
해 맑은 태양
그 연한 햇살을 받으며
합장한 채 서 있는 심흉은
어떻게 표해야 되겠습니까?

진정 내게는
그대로부터
애연靄然한 행복이 감싸오고 있소.
사랑하는 그대여.
그대는 나의 모두요.

내 집 앞에 오신 눈은 내가 쓸기

삶이 고달픈 세상이다.

그러다 보니 세상이 많이 각박해졌다.

그래도 내 집 앞은 내가 청소하는 것이 어떨까?

특히 눈이 오신 날은 반드시 인도에 쌓인 눈을 쓸었으면 좋겠다.

자기 차만 달랑 치우고 가시지 말고.

인도에는 사람들이 다닌다.

사람 중엔 일반 행인들만 있는 것은 아니다.

할머니 할아버지도 계시고 부모님도 계시고 애인도 있고 이웃들도 있다.

이미지에서처럼 내 손녀도 있다.

동전에 실은 마음

인간에겐 저마다 간절한 마음이 있다.

그 간절한 마음은 기회만 있으면 정성으로 이어진다.

그래서 교회로 사찰로 심지어는 무속에도 기대 본다.

이러한 심정을 누가 탓할 수 있으랴.

부디 소원이 성취되길 빈다.

군고구마 계절

군고구마는 예전에도 있었다.
연인과 길을 걷다 군고구마를 만나면 그냥 지나칠 수 없었다.
참새가 어찌 방앗간을 그냥 스칠 수 있겠냐는 듯.

군고구마의 생명력은 강인하기도 하다.
요즘처럼 입맛이 업그레이드된 세상에서도
우리네 입맛을 사로잡고 있으니 말이다.

예나 지금이나 군고구마는 큰길가보다는 골목길이 어울린다.
그것이 포근한 연인들에게 안성맞춤으로 보인다.

군고구마를 후후 불며 먹는 맛이란.
침이 꿀꺽 꿀꺽.
호호호호.
사랑은 더 깊어간다.

오늘같이 추운 날은 군고구마 생각이 절로 난다.
길을 걸으면 코끝은 시리지만
둘이서 알콩 달콩
오빠랑 같이 먹으면
자기랑 같이 먹으면
얼마나 좋을까?

생업生業의 세계

'업業' 자가 들어가면 정신이 퍼뜩 난다.

그 중에서도 전업專業, 주업主業, 생업生業 등이 그러하다.

나야 사진을 취미로 찍으니 부담이 적다.

그래도 작은 정성을 다한다.

나름대로 사명감이 있으니까.

그러나 저분들은 사진 찍는 것이 생업인 분들이다.

아마 보람도 크겠지만 피를 말릴 일도 비일비재할 것이다.

한 해의 끝자락에 나는 어디에 있는가?

한 해의 끝자락에 바다를 찾으신 분들

한 해의 끝자락에 산 위에 오르신 분들

한 해의 끝자락에 스키장을 찾으신 분들

한 해의 끝자락에 골프를 치시는 분들

한 해의 끝자락에 송년회를 하시는 분들

한 해의 끝자락에 기도원을 찾으신 분들

한 해의 끝자락에 저자거리에 계신 분들

한 해의 끝자락에 영화관에 계신 분들

한 해의 끝자락에 고관 댁을 돌며 뇌물 전하시는 분들

한 해의 끝자락에 장외투쟁하시는 분들

한 해의 끝자락에 노처녀 노총각으로 지신 분들

한 해의 끝자락에 휴전선에 계신 분들

한 해의 끝자락에 건설현장에 계신 분들
한 해의 끝자락에 병환에 계신 분들
한 해의 끝자락에 해외여행 중이신 분들
한 해의 끝자락에 방콕에서 방글라데시하시는 분들
한 해의 끝자락에 양로원을 찾으신 분들
한 해의 끝자락에 대입준비 하시는 분들
한 해의 끝자락에 백수로 계신 분들
한 해의 끝자락에 노숙자로 계신 분들
한 해의 끝자락에……

한 해의 마지막 근무일인 오늘
한 해의 끝자락이 많은 상념을 하게 만든다.

그러나 상념과 관계없이 내일도 먼동은 틀 것이다.
모레도 먼동은 틀 것이다.

바로 모레가 새해다.
그리고 모레 다음날인 글피도 먼동은 틀 것이다.
그 날이 새해의 첫 근무일이다.

햇수로 2년에 걸친 주말에
이웃 여러분들이
보람찬 휴일을 보내시기 바란다.

그리고

새해에도

건강하시고

복 많이 받으시길……

놀이의 즐거움

젊은이들은 몸도 생각도 신선하다.

젊은이들은 심심할 시간이 없다.

젊은이들은 틈만 나면 어디서든 무슨 놀이든 놀이에 전념한다.

인생에 있어서 놀이는 무엇보다도 즐거운 순간들이다.

그래서 현대화의 척도를 놀이의 확대로 가늠하나 보다.

그을린 모습

태양을 많이 접한 사과가 당도가 높다.

태양을 많이 접한 고추가 맵다.

태양을 많이 접한 사람이 인정이 넘친다.

도사는 따로 없다

자연을 헤아리는 삶
자연을 벗 삼는 삶
그러면 누구나 도사가 될 수 있다.

산업전사

기공식 현장에서 가장 돋보이는 분들은 바로 산업전사들이다.

추위도 아랑곳하지 않고 부동자세다.

이 분들의 늠름한 모습에서 건설의 신뢰가 심어진다.

그리운 김정규 형

세월이 많이도 흘렀다.

인걸은 한분 한분씩 사라져 갔다.

그 중에서도 형은 너무 일찍 타계했다.

춘천사범학교 1학년 때였다.

5월 5일날 수락폭포에서 실족사 했다.

그 날은 해공 신익희 선생도 심장마비사 했다.

형의 장례에는 우현 홍익표 의원도 오셨다.

청평 마을이 모두 아까워하며 눈물바다를 이루었다.

형은 집에서는 효심이 지극했고 밖에서는 신의가 두터웠다.

이에 걸맞게 학업성취도 1등과 반장은 늘 형의 몫이었다.

무엇보다도 성실과 정성이 몸에 배어 있었다.

그리고 갖가지 재능이 특출했다.

그러한 형이 너무도 자랑스러웠다.

어린 내게(당시 중2) 형은 전지전능한 것처럼 비쳐졌다.

형은 완벽하게 멋져 보였다.

그래서 형의 행동은 무엇이든 따라했었다.

형은 언제나 내 편이었고 끔찍이도 날 아껴줬었다.

그러나 이젠 모두가 아득한 과거의 이야기일 뿐이다.

형, 천국은 어때요?

사무치게 그립다.

홍이섭 선생 30주기

일제하에서 『조선과학사』를 펴내 한민족의 긍지를 일깨우셨던 홍이섭
선생, 선생은 광복 후 역사학회를 조직하시고 초대 학회장으로써 민
족의 위상을 학문적으로 다지시는 일에 고군분투하셨다.

그러나 선생은 한 세대 전(1974)에 59세로 불귀의 객이 되셨다.

너무도 안타까운 일이었다.

국가정체성문제, 수도이전문제, 과거사규명문제, 보안법존폐문제, 북
한핵문제, 고구려사왜곡문제, 독도영유권문제 등등 현안이 산적한 어
지러운 현실, 지금 선생이 계시면 무엇이라고 해결책을 제시하실까?

오늘따라 홍이섭 선생의 한 말씀이 몹시 그립다.

김유탁 선생님

김유탁 선생님은 고3 때 담임이셨다.

선생님은 학우들의 존경을 한 몸에 받으셨다.

졸업 무렵 졸업생들끼리 사인지를 서로 나눠가졌는데 그 항목 중 존
경하는 인물을 적는 난이 있었다.

우리 반(3-1) 대부분의 학우들은 김유탁 선생님을 기명했다.

제자들의 존경을 얼마나 받으셨나 하는 좋은 증거다.

후에 4선 국회의원을 지내며 조국근다화에 크게 기여하셨다.

10 · 26 사태가 나자 5공의 유혹을 뿌리치고 정계를 떠나 그림을 그리
셨다.

그리고 국제화우회 회장을 지내며 세 차례에 걸쳐 화문집까지 내셨
다.
지금은 수채화처럼 살고 계신다.

그러한 선생님께서 46년 만에 반창회장에 나오셨다.
그 반가움이란 이만저만한 것이 아니었다.

선생님, 오래오래 강건하세요.
그리고 지금처럼 그림을 그려주세요.

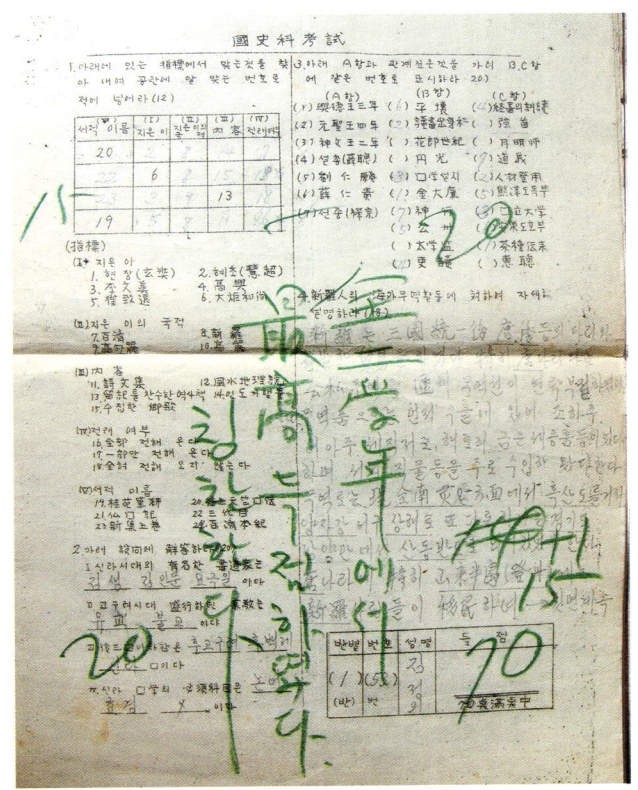

파격적인 채점과 칭찬

고교 2학년 시절인 1959년 1학기 국사시험 답안지다.

국사 담당은 정춘근 선생님이었다.

재학 시절 사회과목들을 유난히 좋아했었다.

물론 국사 과목을 좋아했고 시험공부를 열심히 했던 것도 사실이다.

그래도 그렇지 어떻게 점수를 보태 가며 답안지에 대문짝만하게 격려
의 말씀을 적어놓으실 생각을 하셨을까?

선생님의 파격성은 지금도 놀라울 뿐이다.

하여간 이후에 국사과목이 더 좋아진 것은 말할 것도 없다.

드디어 대학도 김유탁 담임선생님의 조언으로 사학과를 갔다.

여기서 홍이섭, 조의설, 민영규, 이광린, 추헌수, 김철준, 황원구, 김동길, 민석홍, 이종영, 김정수, 이원설 교수님 등을 만난 것은 인생의 전기였다.

학부 졸업 후에도 기회만 되면 공부를 더 했다.

그리고 기쁜 것은 좋아하는 공부만을 했는데도 전공이 내내 나와 우리 가족의 의식주를 해결해줬다.

"칭찬은 둔재도 두각을 발휘하게 만든다."

"칭찬은 고래도 춤추게 만든다."는 말에 무게가 실림을 스스로 확인했다.

정춘근 선생님 지금 어디 계셔요?!

뵙고 싶습니다.

알고 보면 선생님 덕분에 『한국소년운동사』도 정리했고 '문명학' 도 소개할 수 있는 행운을 얻은 것이라고 생각 된다.

길을 터주신 선생님께 뒤늦게 고개 숙여 고마운 말씀을 드린다.

김동익 목사 문병기

둥지로 돌아오니
아내가 놀란 목소리로
김동익 목사님이 암이란다.
마른하늘에 날벼락이라더니
이게 무슨 소리람.

지난 일요일
"그런데 말입니다.
올 때는 순서가 있어도

갈 때는 순서가 없어요."
라는 청정음淸靜音의 설교를 들었는데?

충격을 이기지 못하고
이리 뒤척 저리 뒤척
아침이 되길 기다려 입원실을 찾아갔다.

김 목사는
"6개월 간 시한부 삶의 진단을 받았어.
신장암이 환도뼈까지 전이되어 수술도 어렵대.
이 모두를 하나님의 뜻으로 받아들이려고 해.
그러나 5년만 더 살고 싶어.
그러면 '2000년대 기념사업'을 성취할 수 있을 터인데."
라고 아쉬움을 드러낸다.
신실한 목자로서의 애절한 소망이 눈물겹다.

하나님은 서원기도를 들어주신다고 하셨지.
주님, 목사님의 서원을 받아주옵소서.

동농 친필 분양기

친구 왈
고서화를 분양하고 싶단다.
그림을 갖고 싶냐.
글씨를 갖고 싶냐.
의중을 묻는다.

글씨냐 그림이냐 선택하라던 친구는
선뜻 그 모두를 내게 주었다.
그림 두 폭, 글씨 두 폭을 소중히 받
아들고
집에 와 찬찬히 보니
내 눈이 의심스럽다.
그 유명한 한말의
동농 김가진 선생의 친필이었다.

춘부장 김성식 선생께서 애지중지하
시던 서화였는데…….
그래서 끝내는 도배한 벽지 속에 비
장해 오셨었는데…….

이런 저런 생각을 하다가
쾌히 분양한 김세창 학형의 뜻을 헤아려본다.
그것은

아름답고 의미심장한 동암의 힘찬 서화를
수양의 틀로 간직하라는 의미로 새겨두겠네.
소중한 서화를 분양한 자네의 뜻을 길이 살리리라.
고맙다 친구여.

군인은 죽어서 말한다

꽃다운 나이
벼랑 끝에 몰린 국가의 위기에서
조국을 지키기 위해
통렬히 산화한 이상근 님의 무덤 앞에 섰다.
그 때 나이 26세
숙연하다.
대한민국 보위의 밑거름이 바로 이런 분들이라고 생각된다.
삼가 명복을 빕니다.

후지산 등정 소회

후지산은 일본이 내세우는 상징적인 산이다.

먼발치서 보면 꽤 아름답다.

정상은 어떨까 하는 호기심에서 등정해 봤다.

밑에서 바라볼 때와는 사뭇 달랐다.

매우 볼품없는 산이었다.

그래서 일본인들은 먼 발치의 후지산을 선호할 뿐

정상의 모습은 내세우지 않나 보다.

그리고 보면 한국의 백두산과는 대조적이다.

백두산은 정상에서의 모습이 매우 아름답다.

그래서 한국 사람들은 백두산 천지를 내세운다.

문제는 일본이 후지산을 상징으로 삼아 한 덩어리로 뭉쳐산다는 사실
이다.

우리도 백두산을 상징으로 삼아 한 덩이의 통일천하로 뭉쳐 살고 싶다.

탁발 스님들

라오스의 탁발 스님들의 행렬은 커다란 문화충격이었다.

그들은 추운 아침에 맨발의 행렬을 이루었다.

드실 만큼 공양을 받으면 더 안 받았다.

걸인이 있으면 역으로 공양을 하며 지나갔다.

스님들은 하루에 두 끼만으로 수도생활을 수행하고 계셨다.

탁발행렬이 끝나자, 걸인도 넘치게 받은 것은 남겨두고 갔다.

사람들은 탁발스님에게 정성어린 공양을 하고나서야 아침을 들었다.

문득 부끄럽게 살고 있는 내 모습이 뒤돌아봐졌다.

영혼이 해맑게 서로 사랑하며 사는 것이 사람답게 사는 것일진대

그렇다면 라오스는 아름다운 문명의 꽃을 피우고 있는 곳이었다.

비록 빈한하게 살지만 라오스는 사람다운 사람들이 사는 곳이었다.

인도인은 행복하다

눈으로 보이는 인도인은 가난하다.

예쁜 처녀가 땔감 장만을 위해 소똥을 조물조물 만지고 있다.
소 오줌을 받아서 대문에 바르기도 한다.
가는 곳마다 거지들이 즐비하다.
죽자마자 체온이 식기도 전에 화장을 하기도 한다.

인도는 아직도 카스트 제도가 엄존한다.
인도는 인공위성이 날기도 한다.
인도의 인구성장은 중국을 위협한다.
인도는 신비주의에 싸여 있는 나라이기도 하다.

그러나 인도는 행복지수가 높은 나라다.
가는 곳마다 스마일이 넘친다.
살아 있는 성자가 도처에 계신다.
몇 년을 수도하면 수염이 또 머리가 저만큼 자랄 수 있을까?

제2편 문명의 체감

소중한 삶

1. 영혼을 아름답게 가꾸며 범사에 하늘의 뜻을 겸허하게 헤아린다.
2. 살아있음을 감사하며 사랑하는 마음을 가슴에 담는다.
3. 정체성을 지니고 미래지향적 비전 구현에 진력한다.
4. 진지하고 끈기있게 본업에 정진한다.
5. 미소로 선행을 하며 기쁨의 원천이 된다.
6. 생각하고 행동하며 모든 일에 사심없이 부드럽게 임한다.
7. 환경에 외경심을 품고 여행과 산행을 즐긴다.
8. 적게 소유하고 부족한 듯이 섭취하며 취하도록 마시지 않는다.
9. 기록하는 습관을 기르고 도박, 빚 보증, 남의 말은 삼가한다.
10. 주변을 배려하며 중심, 지혜, 건실, 진솔, 화목한 삶을 산다.

소중한 삶

아이들이 학교에 다니며 우리 집 가훈은 무엇이에요?

할 때도 가훈을 따로 정할 생각은 없었다.

그것은 우리 아이들이 틀에 맞춰 자라나는 것을 바라지 않아서였다.

그랬던 내가 나이가 들면서 '소중한 삶'을 만들었다.

가훈이라기보다는 스스로 여생을 이렇게 살고 싶어서였다.

그래서 스스로 삶의 지표를 만들었다.

이것이 자식들에게 부담이 되지 않길 바란다.

다만 '아비는 이렇게 살려고 노력하였다.'를 이해해 준다면 고마울 뿐이다.

76

공짜란 없다

요즘 세태에는 안 어울린다고 생각되겠지만
내 사전에 공짜란 없다.

땀 흘려 얻은 것만이 내 것이다.
그리고 귀한 것이다.

쉽게 번 것은 쉽게 사라진다.
더욱이 부정하게 취한 것은
영혼마저 상하게 한다.

이것이 변함없는 내 믿음이다.

주변과 미래를 생각할 때

생활하수가 바다로 직접 흘러들고 있다.

하수가 흘러들면 바다 물은 어떻게 될까?

바다가 자정 능력이 있다 하더라도 연근해의 오염은 불문가지다.

오염된 바다 물은 틀림없이 어패류가 먹을 것이다.

그 어패류를 인간이 먹는다.

그런데 이렇게 방치하고 살아도 될까?

지구는 하나뿐인데……

웃는 예수님

김성진 님이 소장하고 계신 Thecla(한국명 박정자) 님의 그림 '웃는
예수님' 이다.

그동안 부처님이 미소 지으신 모습은 많이 보아왔다.

예수님은 근엄하신 모습만을 주로 보아왔다.

그러나 '웃는 예수님'을 보며 예외도 있다는 것을 알았다.

웃는 예수님이 더 다양하게 많이 그려지길 바래본다.

싸움닭에게는 솔개의 기상을 맛보여줘야 한다

싸움닭은 싸우기 위해서 날짐승 세상에 태어났다.

싸움닭은 싸울 힘을 비축하기 위해서 모이를 쪼아 먹는다.

싸움닭이 싸울 일이 없으면 존재 이유를 잃게 된다.

그래서 싸움닭은 싸울 때가 가장 행복한가 보다.

일본인은 싸우기 위해서 이 세상에 태어났나 보다.

일본인은 싸우기 위해서 평소에 단련을 하나 보다.

일본인은 싸우지 않으면 존재 이유가 없다고 생각하나 보다.

그렇지 않고서야 남의 엄연한 영토에 어떻게 시비를 걸어 올 수 있을까?

이웃에 싸움닭이 산다는 것은 귀찮은 일이다.
그렇다고 물러서면 더 큰 화근을 키우는 꼴이 된다.
싸움닭에게는 솔개의 기상을 맛보여줘야 한다.
한국은 예로부터 자긍심 강한 해동청의 나라다.

민주화 대장정

1979년 10 · 26사태는 서울의 봄을 촉발했다.

그러나 이는 잠시였다.

시민의 뜻은 신군부에 의해 포악무도하게 짓밟혔다.

이에 반비례해서 민중의 항쟁은 들판의 불길을 방불했다.

그 절정이 1987년 6월대항쟁이었다.

드디어 우리 역사상 최초로 민중혁명이 성공하였다.

이도 잠시였다.

야당의 분열로 신군부가 권력을 계승했다.

민중의 항쟁은 다시 거세게 일기 시작했다.

돌이키니 참으로 엄청난 역정이었다.

오늘의 민주화는 하늘에서 떨어진 것이 결코 아니다.

민주화는 피를 먹고 자랐던 것이다.

29년 전 오늘이 바로 12 · 12 사태가 일어났던 바로 그 날이다.

억지춘향 소나무

소나무는 원래 서 있던 자생지가 있었다.

그러나 인간의 구미에 맞춰 강제로 이사를 왔다.

풍토 설은 낯선 곳으로 옮겨온 것이다.

인간은 그런 소나무를 아름답고 기품 있다고 바라보고 있다.

억지춘향이 따로 없다.

인간은 자기들밖에 모르는 자연계의 무법자들이다.

반포천의 기사회생

반포천은 악취가 심했었다.

반포천은 죽은 줄만 알았었다.

그러나 인간은 포기하지 않았다.

인간은 많은 노력과 정성을 기울였다.

끝내 기사회생시켰다.

지금 반포천은 양재천이나 청계천처럼 살아나고 있다.

드디어 철새가 알을 낳고 부화까지 하여 돌보고 있다.

이 어찌 반가운 일이 아니랴.

복원된 청계천

청명한 가을 청계천변에서

많은 꽃님들을 만났다.

청계천 물이 오염수에서 원래의 이름대로 맑은 물로 바뀌었다.

물고기도 돌아왔고 새들도 돌아왔고 들뫼꽃도 돌아왔다.

반갑고 기쁘다.

정겨운 살곶이 다리

중랑천 하류에 있는 살곶이 다리다.
살곶이 다리는 조상이 물려준 살겨운 다리다.
그런데 살곶이 다리를 건널 때는 시선이 바쁘다.
냇가에서 쉬고 있는,
냇물에서 물고기를 잡고 있는,
하늘을 날고 있는 철새들을 만나게 되니까.
그래서 살곶이 다리를 건널 때는
어느 때보다도 마음이 넉넉해진다.

와우리 단군전

와우리 단군전에서는 1년에 두 차례 제향을 지낸다.

그 때 와야 영정을 볼 수 있다.

그런데 단군전을 '단군성조전' 이라고 했으면 좋겠다.

그리고 평소에도 영정을 볼 수 있다면 더욱 좋겠다.

숭례문 탐방 자유화

명색이 대한민국 국보 제1호인데
숭례문을 남대문으로 둔갑시켜
오랫동안 로터리 한가운데로 몰아냈었다.
일반 행인은 근접도 할 수 없도록 말이다.

드디어 숭례문에게 제 이름을 찾아주고
숭례문공원을 조성하였다.
그리고 숭례문공원의 주인공인 숭례문을 경내에 터하도록 했다.
이 어찌 기쁜 일이 아니겠는가?

예전에 비해 소음과 진동이 격감된 것은 말할 것도 없다.
실로 이제서야 숭례문이 대접받게 됐다.

이 사실을 만방에 알리고 싶다.

숭례문이 해방됐다!!

대한독립군 무명용사 위령탑

용사중의 용사는 이름을 남기고 가지 않으신 무명용사無名勇士들이다.
그러나 후손들 입장에서는 불명용사不名勇士가 맞을 것 같다.
용사의 이름을 챙겨드려야 하는데 그 이름을 챙겨드리지 못했으니 말
이다.
그래서 이름을 모르는데 이름 없는 용사라 했으니 마음이 개운치 않
다.
나라 위해 순국하신 분들에게 이름도 챙겨드리지 못하고 무명용사라
고 지칭해서 송구스럽다.

삼가 조국의 독립을 위하여 순국하신 불명용사 님들의 명복을 빕니
다.

세계 어린이운동 발상지

소춘 김기전 선생은 소년해방운동의 선구자다.

소춘 김기전 선생은 천도교소년회를 창립했다.

소춘 김기전 선생은 어린이날을 제정하였다.

소춘 김기전 선생은 세계 최초의 소년인권선언을 초안하였다.

소춘 김기전 선생은 한국의 페스탈로치다.

이 사실들을 기리기 위하여 '세계 어린이운동 발상지' 표석을 세웠다.

서산마애삼존불상

세상의 부처님 중에서 가장 많이 뵌 부처님은 서산마애삼존불상이다.
여럿이 함께 뵌 일도 있고 혼자서 뵌 일도 있다.
때로는 전문가의 설명을 들으며 뵈었고 때로는 홀로 조용히 뵈었다.
좋은 일이 있으면 좋아서 괴로운 일이 있을 땐 괴로워서 찾아뵈었다.

서산마애삼존불상은 국보 제84호다.
서산마애삼존불상은 영험한 신앙의 대상이다.
서산마애삼존불상은 조도와 그 각도에 따라서 모습이 천변만화로 변
한다.
서산마애삼존불상은 참배자의 시각과 마음에 따라서도 끊임없이 변
한다.

서산마애삼존불상은 과거불, 현재불, 미래불로 조영되어 있다.

이 중 현재불은 압권이다.

'제발 싸우지 말라, 그 대신 자비를 베풀라' 는 제스처는 엄청난 메시지로 다가온다.

부처님이 보시기에 흡족한 세상이 오길 빌어 본다.

서산마애삼존불상은 꼭 찾아뵙지 않아도 눈만 감으면 선하게 떠오른다.

언제든 떠오르는 모습이 있다는 것은 얼마나 좋은 일인가?

서산마애삼존불상의 속마음과 겉모습을 닮고 싶다.

그리고 어린이들처럼 서산마애삼존불상을 닮은 분들을 도처에서 뵙고 싶다.

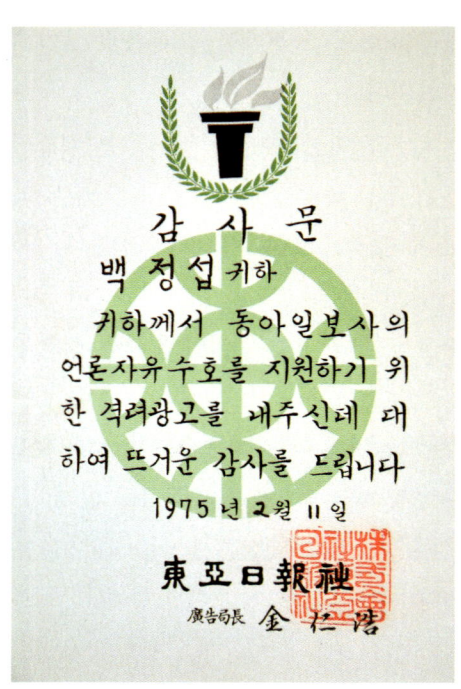

감사문

백 정 섭 귀하

귀하께서 동아일보사의
언론자유수호를 지원하기 위
한 격려광고를 내주신데 대
하여 뜨거운 감사를 드립니다

1975 년 2월 11 일

東亞日報社

廣告局長 金仁浩

동아일보 광고 탄압사태

어느덧 한 세대도 더 지났다.

실로 한국현대사에 아픈 기억이다.

'백정섭'의 '백'은 백인수의 '백'

'정'은 김정의의 '정'

'섭'은 탁중섭의 '섭'에서 각각 따온 이니셜이다.

이 중 백인수 학형은 이미 타계하셨다.

삼가 명복을 빈다.

해외졸업여행

이미 20년 전에도 이웃나라 일본 학생들은 해외로 졸업여행을 다녀왔
다.

유럽은 가족단위로 해외여행을 다녔다.

그 때의 일본 학생들이나 유럽 어린이들이 부러워 보였다.

그런데 그 현상이 한국에도 불어닥쳤다.

당장 우리 학생들이 태국으로 졸업여행을 다녀왔다.

한국의 졸업여행 대학생들, 가족단위의 여행객들이 해외에서 자주 보
였다.

이 어찌 반갑지 않으랴.

어려서부터 가족단위의 일원으로, 학생 때는 학우들과 함께 여행을
다닌다는 것은 견문도 넓히고 가족애도 다지그 우정도 다질 수 있는
좋은 기회가 아닐 수 없겠다.

특히 그들의 꿈과 낭만과 젊음을 미래지향적으로 설정하는 데 크게 도움이 될 것이다.

미래는 분명히 세계인이 더불어 사는 지구촌 시대다.

이에 걸맞게 해외졸업여행 붐이 확산되길 바란다.

역사적인 삶

나는 이 지구에 우연히 온 사람에 지나지 않는다.

나는 이 지구에서 잠시 살다가는 인간일 뿐이다.

그런 내가 역사의 맥락을 알았을 때 나는 필연적인 사람으로 탈바꿈
한다.

내가 바로 역사의 맥락을 잇고 있다는 자각은

인류의 역사가 바로 나 자신의 역사라는 점에 다름 아니다.

그렇다면 나는 어떤 의미에서는 수백만 살을 먹은 셈이다.

연탄을 때던 시절

연탄재와 집게.

신혼 초 연탄 가는 것은 내 몫이었다.

어느 땐 하루에도 몇 차례씩 연탄을 갈던 기억이 새롭다.

요즘 다시 연탄 수요가 늘어난다는 소식을 들은 적이 있다.

내겐 연탄과 관련된 아련한 추억이 많다.

연탄불을 꺼뜨리고 냉방 신셀 지거나 밤을 설치며 불을 붙이던 일,

연탄가스에 질식해서 동치미 국물을 먹거나 먹이던 일,

오징어를 구워먹거나 야식을 해먹던 일.
연탄을 백 장 들여놓으면 부자가 된 듯한 기분이 되었던 일
아랫목은 절절 끓고 윗목은 걸레가 동태처럼 얼던 일 등등
아이들은 그런 속에서 잘도 자라주었다.

어느 땐 그 때가 불쑥불쑥 그리워진다.

장작불의 향수

전잣불보다는 전깃불이 그립다.
전깃불보다는 가스불이 그립다.
가스불보다는 석유불이 그립다.
석유불보다는 연탄불이 그립다.
연탄불보다는 장작불이 그립다.

장작불로 자기도 굽고
장작불로 메주콩도 쑤고
장작불로 장도 다리고
장작불로 엿도 고고
장작불로 두부도 만들고
장작불로 염색도 하고

장작불로 다비도 하고
장작불로 훈제도 하고
장작불로 난로도 데우고
장작불로 벽난로도 지피고
장작불로 밥도 짓던 시대가 그립다.

다시금 장작불을 지피고 싶다.

그리고 훨훨 타오르는 마음의 장작불도 다시금 지피고 싶다.

동지팥죽

1년 중 밤이 가장 긴 날이다.
1년 중 낮이 가장 짧은 날이다.
그날은 동지다.
2005년 12월 22일
오늘이 바로 동지다.

동짓날은 사실상 새해의 출발일이다.
멀리만 가던 해가 다시 돌아오기 시작하는 날이다.

오늘은 동지팥죽을 먹는 날이다.
여느 날 먹는 팥죽도 맛있었다.

102

그러나 오늘 먹는 팥죽 맛과는 상대가 안 된다.
오늘 먹는 팥죽이 팥죽 중의 팥죽이다.

그 팥죽을 쑤지 않으면 견디지 못하는 아내가 사랑스럽다.
그리고 한국인의 피가 흐르고 있음을 확인시켜 줘서 고맙게 생각한다.

어쩐지 액운은 멀리 가고 행운은 가까이 오는 느낌이 든다.
이 분위기를 이웃 여러분들과 함께하고 싶다.

종강 감회

현직에서의 마지막 강의시간
학생들의 눈빛은 빛났다.
배움의 열기가 충천했다.
그 열의가 가슴을 뭉클하게 했다.

나는 가르쳤다고 하기보다 오히려 학생들로부터 많이 배웠다.
앞서가는 그들로 인하여 동심을 되찾았고 인류애를 익혔다.
그리고 자연을 스승으로 알게 되었고 첨단과학의 배를 탔다.

드디어 '현대문명의 통합 징후'를 끝으로 40여 년간의 현직 교편을 놓
았다.

날아갈 듯 홀가분하다.

그동안 공부만 할 수 있도록 도와준 대학으로 인하여 행복했다.
선학들의 길잡이와 동료들의 우의로 인하여 행복했다.
관련된 분야로부터의 채근과 따뜻한 관심으로 인하여 행복했다.
나의 말을 진리로 알고 따라준 제자들로 인하여 행복했다.

모든 분들의 은혜에 감사드린다.

이제 여생은 해방된 공간에서 자연인으로 살ㄹ라.
사랑하는 아내를 위하며…….

세심천 온천

부슬 부슬 비 내리는 노천탕
장檄 키를 발목에 걸친 것만 공통이고
포즈는 각각이다

노천 벤치에 누워 있는 사람
바닥에 엎드려 있는 사람
앉아서 앞산을 바라보는 사람
달랑달랑 갔다가 오는 사람
탕 속을 들락날락하는 사람
이 중 으뜸은 역시 잘 빠진 사람이다.

불쑥 지나가는 생각
근육질의 남신男身을 두고
누가 여체女體를 아름답다고 했나?

이 생각 저 생각 아랑곳없다는 듯
대밭 밖 자연은
짙은 푸르름이 병풍을 이루고
산허리는 엷은 구름이 핥으며 지나간다.
아서라 신선이 따로 있는가?
온천객이 신선이 아니더냐?

애완견은 애물단지

애완견은 때로 애물단지로 보인다.

산책길에서 그러하다.
아토피 전파자로 낙인찍혀 갓난아이가 있는 집안에서도 그러하다.
숙박을 요하는 먼 여행길에 오를 때도 그렇다.

그러나
주인을 반기는 애교는 누가 애완견을 따라가겠는가?
그래서 애완견 키우는 분들은 우울증이나 치매에 걸릴 확률이 적은가
보다.
애물단지지만 그래도 애완견을 키우는 변이라고나 할까.

I ♡ YeB

단잠을 자고 일어나 창문을 열고 밖을 봤다.

간밤에 소리 소문 없이 눈이 왔다.

온 세상이 순백으로 변했다.

부랴부랴 밖으로 나가 길을 쓸었다.

그리고 한강공원을 찾아갔다.

서리섬 샛강은 부분적으로 결빙되어 있었다.

그러나 한강 본류는 아직은 얼지 않았다.

그 순간 순백의 눈 위에 'I ♡ YeB' 이란 표기를 하였다.

이 아침 그리운 님에게 사랑을 고백하고 싶었나 보다.

새롭게 온 순결한 눈 위에 말이다.

그런데 이게 웬일일까?

가슴이 뛰기 시작했다.

아랑곳하지 않고 'I ♡ YeB' 옆으로 검푸른 한강물이 유유히 흐르고 있다.

그러나 'I ♡ YeB'은 그 자리에 그대로 남아 있었다.

그냥 떠나기가 아쉬웠다.

그래서 찰칵 디카에 담았다.

이미지와 함께 가슴에 늘 살아 움직이는 진솔한 '사랑'으로 남고 싶다.

수렁에 빠진 자동차 꺼내기

여행중 차 앞바퀴가 수렁에 빠졌다.

차를 꺼내려고 여러 가지 방도를 시도해 봤다.
이렇게 해도 안 되고 저렇게 해도 안 되고 차는 점점 깊숙이 빠져들었
다.

그래도 차를 빼내는 방도가 빠른 속도로 업그리이드되어 갔다.
미련은 먼저 나고 꾀는 나중에 나나 보다.

어쨌든 많은 사람의 지혜와 동원으로 드디어 꺼내는 데 성공했다.
그 기쁨이란~~
역시 합심이 얼마나 중요한가를 체험했다.

플래시 메모리 시대 도래

디카가 좋긴 한데 메모리칩의 용량이 적어서 문제였다.

그러나 지금은 긴 여행이 아닌 한 이 문제를 해결했다.

USB 메모리 8기가가 출시됐기 때문이다.

그러니 8기가짜리 하나를 장착시키고 1, 4, 8기가를 여벌로 갖고 다니

면 웬만한 여행에서의 용량 문제는 해결된 셈이다.

그래서 코닥필름으로 대변되던 필카시대가 막을 내리고 있다.

그리고 목하 디카시대가 만개하기에 이른 것이다.

사실상 꿈을 실현하게 됐다.

첨단과학기술 만세!!

이미지 기록

100마디 말보다 한 단락의 글
100단락의 글보다 한 장의 이미지
100장의 이미지보다 한 순간의 리얼타임이 더 가치가 있다.
그렇다면 멀리 있는 사람보다 지금 옆에 있는 사람이 더 소중하다.

해가 가고 있음이 실감나는 것들

한 해가 가고 있다는 것은

한 장 남은 캘린더에서
날아오는 크리스마스카드와 연하장에서
크리스마스트리와 크리스마스 캐롤에서
불우이웃돕기 자선냄비에서
연일 계속되는 송년모임에서
교수님들이 선정한 올해의 '4자성어'에서
각 언론사들이 선정한 올해의 10대 뉴스에서
연말 세일과 연말 정산에서
그리고

새 달력에서
피부로 느껴진다.

Wireless LAN

지금도 대단한 현상이다.

두메산골 '메밀꽃 필 무렵'에서도

평야지대 삽다리에서도

와이어레스 노트북이 작동된다.

그래서 그 전 같으면 출사 중 촬영한 사진을

귀경 후에 인터넷에 업로드 했었다.

그러나 이제는 현지에서 찍은 사진을

대체로 현지에서 올릴 수 있게 됐다.

여행중에 현지에서 찍은 사진을

현지에서 올릴 수 있다는 것은 꿈만 같은 일이다.

단, 아직은 모든 지역이 통용되는 것은 아니다.

앞으로 일부지역만이 아니고

전국 방방곡곡이
어디에서든
무선인터넷 지역이 되는 날을
학수고대해 본다.
마치 손전화처럼 말이다.

멧새의 횡사

호반식당에서의 일이다.
붕어찜으로 점심을 들고 있었다.
갑자기 투명 유리창에 어떤 물체가 쿵 하고 부딪혔다.
순간 개 짖는 소리가 요란했다.

창 밑을 내려다보니 멧새 한 마리가 나뒹굴고 있었다.
즉사한 모양이다.
인간만 한치 앞을 모르는 게 아니고 멧새에게도 마찬가지였다.
멧새는 투명 유리창인 줄 모르고 날다가 그만 횡사한 것이다.
갑자기 애처로운 생각이 들었다.

불가사리 카펫

그물로 물고기를 잡아올 때 묻어온 불가사리들이다.

물고기는 팔려갔고 불가사리는 보도에 버려졌다.

시간이 지나자 행인들에게 밟히며 말랐다.

그러자 '불가사리 카펫'을 방불하는 두늬가 나타났다.

결과적으로 불가사리가 모여서 우연찮게 예술작품을 만들었다.

임진강변에 서면

임진강변에 서면 가슴이 답답하다.

임진강변에 서면 회한이 서린다.

분단된 지 어언 60년도 더 지나가고 있다.

이럴 수가 있을까?

통일이 아직도 안 됐다니

그래서 그런지 세월이 가면 갈수록

더욱 가슴이 답답하고 회한이 쌓이기만 한다.

임진강변에 서면 가슴이 답답하다.

임진강변에 서면 회한이 서린다.

대한민국의 정체성은 무엇인가?

오늘날 대한민국을 지칭하는

COREA(KOREA)는 고려高麗에서 유래했고

고려라는 국호는 고구려高句麗에서 유래했다.

이것이 한국사의 큰 맥락이다.

중국이 고구려사를 중국사로 편입하려는 작태는

한국의 분단을 틈타

한반도마저 중국에 속지화시키려는 저들의 야심찬 프로젝트다.

이런 마당에 한국에서는 한국사 교육이 거의 없어졌다.

고교에서는 국사 하권을 선택과목으로 전환시켰고

대부분의 대학은 한국사를 교양필수과목에서 제외시켰다.

심지어는 선택과목에서마저 없앴다.

입시과목이나 취직시험과목에서도 대부분 제외시켰다.

이것이 언필칭 세계화요 미래화요 신지식인화다.

이러고서야 고구려사 문제, 독도 문제를 어떻게 해결하겠는가?

뿌리를 잊은 얼빠진 민족은 필경 자멸할 것이다.

이는 불을 보듯 뻔하지 않겠는가?

대한민국의 정체성은 과연 무엇인가?

러시아인의 국가의식

러시아인들의 혼인례는 단출하다.

예식장은 따로 없다.

가정집이거나 교회이거나 공원이다.

축하객의 숫자는 적다.

꼭 축하해줄 가까운 사람만 초대하기 때문이다.

축하객은 꽃송이를 선물한다.

우리처럼 축의금은 없다.

그런데, 그런데 말이다.

신랑 신부가 혼인례를 마치고 반드시 찾아가는 곳이 있다.

그 곳은 무명용사 충혼 제단이다.

그들은 그 곳을 참배한 연후에 비로소 인생의 새 출발을 시작한다.

타지마할 묘

타지마할 묘는 신비 그 자체였다.

지금도 그렇지만 인도라는 나라는 참 풍상이 많은 나라다.

그래서 서민이 살아가는 지혜나 통치자가 지배하는 지혜를 피차 종교

에서 찾았나 보다.

브라만교, 불교, 회교, 힌두교, 자이나교 등등

실로 인도는 종교의 나라로 비쳐졌다.

타지마할 묘는 회교가 지배할 때의 건축물이다.

케냐와 탄자니아의 국경표지

케냐와 탄자니아 국경에는 글자 한자 없는 시멘트로 국경표지를 세워
놨다.

물론 초소도 없고 경비원도 없었다.

야생의 짐승들처럼 사람도 자유롭게 오갔다.

비자도 없이 탄자니아 영토에 가서 광활한 대지와 공기를 맛봤다.

한국의 휴전선은 국경선도 아닌데 철조망이 있는 것이 스쳐갔다.

우르밤바에서 만난 하회탈

우르밤바에서 세계의 탈이 전시된 것을 보았다.

그 때 놀란 것은 하회탈이었다.

국내에서 무심히 보던 하회탈이 탈 전시판 중심에 자리잡고 있었다.

언젠가 영국여왕이 하회마을을 방문했었다.

그녀는 왜 하필 하회마을을 방문했던가?

그동안 우리는 우리 것을 스스로 폄하해 오진 않았던가?

미국인, 유태인, 일본인을 정도 이상으로 평가하며 바라보진 않았던가?

가장 '한국적인 것이 가장 세계적' 이란 말이 있다.

우르밤바의 하회탈을 보며 스쳐간 상념이다.

힌두사원

신자의 입장에서 보면 어느 종교든 그 신앙은 하나같이 경건하다.

힌두교도 예외가 아니다.

인도는 불교의 발생국이지만 대부분의 인도인은 힌두교도다.

그리고 힌두교는 인도인만의 종교도 아니다.

여기는 태국 수도 방콕의 힌두사원이다.

내일의 발견

우리말에는 과거過去를 뜻하는 '어제'는 있고 현재現在를 뜻하는 '오늘'도 있지만 미래未來를 뜻하는 내일은 없다고 한다.

그래서 오늘의 문제를 풀고 내일을 여는 분야에 관심이 더 쏠렸었다. '소년운동사'에 깊은 애정을 품은 것은 그 까닭이다. 그리고 좀더 규모가 큰 문제에 도전한 것이 미래지향적인 '문명학'의 접근이었다. 그래서 평생의 과업으로 한 손에는 '소년운동사'를 다른 한 손에는 '문명학'을 들고 나름대로 고군분투하였다.

그러던 어느 날 퍼뜩 숙원의 의문이 풀렸다. 미래를 뜻하는 내일이 우리에게도 있음을 발견한 것이었다. 그것은 바로 '내일'이라는 그 말 자체였다. 한자어인 줄 알았던 내일은 한자어가 아니고 순수 우리말임을 깨닫게 된 것이다. 한자를 쓰는 중국에서는 내일은 '밍티엔, 밍텐' 明天 등으로 부른다. 그리고 일본에서는 내일은 '아스, 아시타, 묘

니치'明日로 불리고 있다. 내일은 한국에서만 쓰이는 말이다.

자고로 후손들의 앞날을 축수하던 한국인이 내일이라는 의식이 없었다는 것은 그야말로 망발이다. 우리에게는 예로부터 내일이 있었다. 한국인의 한 살이는 태어나서 자연과 더불어 살며 자연과 더불어 사는 인성을 심어 왔다. 그 후 학업을 통하여 앞날을 준비하고 드디어 현업에 진출한다. 현업 기간 중에는 자기를 위해서 가족을 위해서 나아가서 겨레와 인류를 위해서 알게 모르게 봉사한다.

그리고 정년이 되면 현업에서 손을 뗀다. 드디어 내 일로 돌아가는 것이다. 이렇게 생각해 보면 현업 준비기간은 과거로서 어제고 현업은 현재로서 오늘인 셈이다. 그리고 미래는 내일로서 내 일(나의 일)이다. 그 내 일이 바로 내일이 아닐까? 그러니 미래를 뜻하는 한국말의 내일은 애시당초 한자로 표기할 수 없는 것이었다. 그런데 한자 중독증 환자가 올래來자를 써서 내일來日이라고 표기하고 한국말에는 미래를 뜻하는 내일이 없다고 했으니 어불성설도 이만저만이 아니다. 누구에게나 현재의 현업에서 필업하면 드디어 진정한 의미의 내 일을 가질 수 있는 내일이 오게 마련이다. 이 때 내 일을 잘 준비해야 보람 있는 내일이 기다려줄 것은 물론이다.

제3편 자연과 더불어

삶

삶.
어데서 와서 어디로 가는 것인가?
반향도 없이 벽공으로 퍼져만 가는
영원한 물음.

삶.
나만이 살 수는 없으리라.
살려고 하는 생명군 속에
나도 끼어 있는 것이리라.

삶.
조금은 자아를 드러내 보이며
이렇게 난 살아간다네.
사랑을 듬뿍 느끼며…….

닮고 싶은 본보기

지구의 표면은 물물으로 이루어져 있다.
그 중 뭍(대지)은 주로 들과 뫼(산)다.

들과 뫼에는 각종 식물들이 뿌리를 박고 살고 있다.
동물들도 살고 있지만 뿌리를 박고 살고 있는 것은 아니다.
한 자리에서 굳건히 살고 있는 것은 오직 식물들뿐이다.
그러니 식물들이야말로 대지의 주인이라고 볼 수 있겠다.
그러한 식물의 한살이 중 꽃이 필 때의 자태가 가장 아름다워 보인다.
향기 또한 방향이다.

특히 인간의 손길이 안 간 들과 뫼에 자생하는 들뫼꽃(야생화 혹은 자
생화)들의 지고지순의 아름다움은 그 자체가 자연미의 극치다.

인간은 이 때 절로 조물주의 위대함에 감복할 뿐이다.

들꾀꽃을 본받아 고운 빛과 자태와 방향이 이는 삶을 가꾸고 싶다.
그것이 스스로의 지향점이다.

들뫼꽃에 관심을

들뫼꽃은 그게 그 꽃인 것 같은 꽃들이 수없이 많다.

그래서 혼동하는 수가 허다하다.

그럴 때 들뫼꽃은 서운해할 것 같다.

비슷한 인간을 같은 이름으로 부른다면 당사자들은 서운할 것이다.

들뫼꽃도 마찬가지다.

인간도 관심을 가진 사람에게는 그 이름을 불러주듯

들뫼꽃에 대해서도 관심을 가지면 이름을 알아보고 싶게 마련이다.

그리고 유심히 보게 된다.

생김새도 보고, 빛깔도 살피고, 향기도 맡아본다.

그 관심은 아는 것만큼이다.

아는 꽃을 볼 때는 반갑고 모르는 꽃들은 무심히 지나친다.

때로는 향기가 있어 발길이 가는 꽃들도 있다.

역시 그 꽃이야 할 때도 있다.

그 때 반가움이란!

그러나 모르는 꽃인데도 향기로 인해 발길이 듣릴 때도 있다.

그럴 경우 그 꽃에 대해선 이름을 알아브고 싶그,

그 후에 그 꽃을 볼 때는 아는 사람 만날 때 반가운 것처럼 반갑기 마련이다.

가끔은 그렇게 알게 된 꽃에 대하여 더 사랑하고 있는 생명체를 보기도 한다.

벌, 나비 등의 촉매 곤충이 그러하다.

인간은 꽃을 실질적으로 도와주는 것이 무엇인가 하고 자문할 때도 있다.

예쁘다고, 아름답다고 꺾지 않으면 다행이다.

그래도 들과 산에 꽃이 없다면 세상은 얼마나 삭막할까?

들에 산에 들뫼꽃이 있다는 것은 촉매 곤충뿐만 아니라 인간에게도 큰 축복이다.

그렇다면 들뫼꽃 하나하나에 애정을 가져보는 것은 어떨까?

현대문명에 찌든 인간에게 다시금 여유를 찾아보게 하는 계기가 될 수도 있을 것이다.

꽃들의 정체

농작물꽃들은 약속이나 한 듯 수수하게 아름답다.

그래도 벌, 나비는 모여든다.

아마 꿀이 맛있나 보다.

여기엔 호박꽃이나 장다리도 예외는 아니다.

오히려 어느 꽃보다 벌, 나비가 더 많이 모여든다.

그리고 무엇보다도

꽃은 수수하지만 그 열매는 생명체에게 유용한 식용이다.

그러나 사람의 마음을 빼앗는 꽃들은 대체로 독이나 가시가 있다.

열매 또한 보잘것없고 별 도움도 못 된다.

능소화는 현란하지만 눈에 꽃가루가 묻으면 위험하다.

그래서 예로부터 울 안에 심지 않는다.

장미 또한 고혹스럽지만 살에 가시를 찔릴 우려가 있다.

지는 장미는 추한 꽃의 대명사기도하다.

산야에 지천으로 피는 들꽃, 뫼꽃은 또 어떠한가?
동물들이 먹는 풀은 그 꽃이 수수하다.
그러나 동물들에게 치명타를 안기는 풀꽃들은 현란하게 아름답다.
사람도 마찬가지인 것 같다. 수수한 사람, 순수한 사람은 사회에 유용
하지만,
현란한 사람, 꾸민 사람은 사회에 해악을 끼치니 말이다.
이상도 하지.
왜 독초일수록 현란한 꽃을 피우는가?
왜 사악한 사람일수록 아름다움을 가장하는가?
수수한 꽃
순수한 사람이 그립다.

엘리뇨 현상은 인간의 오만과 과욕에 대한 자연의 경종

들뫼꽃의 생성 이래 들뫼꽃은 환경에 적응하며 스스로 진화해 왔다.

인간도 자연과 조화를 이루며 사이좋게 살아 왔다.

그러나 현대에 이르자 인간은 문명이라는 기치 아래 자연 파괴에 나섰다.

이른바 현대문명의 업글 병에 걸려 현기증을 일으키며 살게 된 것이다.

그래도 들뫼꽃은 제 철을 잊지 않고 제 자리에서 피고지고 있다.

그럼에도 인간은 오만과 과욕이 지나쳤다.

드디어 '엘리뇨 현상' 이라는 이상기온이 나타나기 시작했다.

그러자 들뫼꽃도 때를 잊은 채 피고지기 시작했다.
너무나 안타까운 현상의 도래다.

아무튼 인간은 눈앞의 편리를 얻었다.
그 대가로 지구의 위기라는 엄청난 재앙으로 빨려 들어가고 있다.

연한 순

연한 것은 아름답다.
연한 것은 강하다.
연한 순은 뻗어간다.
사람도 강한 사람은 멈추고 마침내 쇠미해진다.
그러나 연한 사람은 몸도 맘도 생기있게 성장한다.

꽃에도 궁합이 있다

꽃에도 궁합이 있다.
먼동이 틀 때는 나팔꽃
한 낮엔 해바라기
저녁 땐 분꽃
밤엔 달맞이꽃이 그렇다.

일 년 중에는
봄에 피는 꽃
여름에 피는 꽃
가을에 피는 꽃

겨울에 피는 꽃이 있다.

또
1년에 한 번 피는 꽃
2년에 한 번 피는 꽃
심지어는
60년에 한 번 피는 꽃
3000년에 한 번 피는 꽃도 있다.

인생도 유사한 듯하다.
초년에 꽃피는 사람
중년에 꽃피는 사람
장년에 꽃피는 사람
노년에 꽃피는 사람이 있다.

아니면
선조 때 꽃핀 적이 있는 것 같이
내가 못 피우면
후손 때라도
반드시
꽃필 때가 있을 것이다.

그러니 조급할 필요는 없다.
묵묵히 준비하면 다 꽃필 때가 있다.

청년 실업자 여러분
무엇이라 격려할 수 있겠습니까.
낙담하지 마시고 미래를 보고
꿋꿋하게 견디세요.
반드시 여러분들에게 꽃필 날이 올 것입니다.
그리고 오늘은 추억이 될 것입니다.

들뫼꽃의 생명력

들뫼꽃의 생명력은 참으로 모질다. 적당한 토질, 수분, 기온만 주어지
면 어디에서든 핀다.

산과 들의 비옥한 옥토는 물론이고
때론 매우 척박한 곳에서도 핀다.
바위 틈, 아스팔트 틈, 시멘트 틈, 심지어는 다리난간 틈에서도 핀다.
초가지붕, 기와지붕, 아파트옥상에서도 들뫼꽃은 핀다.

씨앗이 바람에 날렸는지
새의 배설물인지
아니면 동물의 배설물인지는 몰라도
인간이 뿌린 일도 없건만 들뫼꽃은 장소를 가리지 않고 도처에서 피고 진다.

운명적으로 씨앗이 떨어진 곳이 들뫼꽃의 소중한 터전이다.

그래서 인생과 유사하구나 하는 생각이 들 때도 있다.

사람도 귀소본능이 있다.

자기가 태어난 곳을 소중하게 여기기는 마찬가지인가 보다.

꽃밭은 곤충들의 낙원

곤충들의 낙원은 꽃밭이다.

꽃에서 꿀도 따고

잠도 자고

사랑도 나눈다.

꽃밭은 곤충들의 삶터다.

부끄러운 이야기

이 나라에 태어나서
오늘까지 살면서
이 땅에 자생하는 각종 들뫼꽃들의 이름을
대부분 모른 채 살고 있다.
그저 이름 없는 꽃으로
혹은 잡초라고 치부하면서 말이다.

내 조국에서
나와 더불어 살아가고 있는
우리 꽃들의 이름을
모른 채 살고 있다는 것은
그저 부끄러울 뿐이다.

자연을 그냥 좀 놔두자

자연은 당대의 한민족만의 소유가 아니라
지구촌과 우리의 후손들에게까지 미치는
지구촌과 한민족의 보고 중의 보고라고 생각한다.

문명은 인간이 살기에 좀더 쾌적한 환경을 조성하는 것이다.
이 반대가 반문화요 반문명적인 행태가 아닐까?

그렇다면 당장의 이익에만 골똘해선 안 될 것이다.
자연은 그냥 놔두는 것이 자연을 위하고 인간을 위하는 첩경이다.

휴전선의 삼림을 보면서 해보는 소리다.
우리 모두 시공간의 주변을 배려하면서 살자.

150

달개비와 꽃등애

꽃등애가 날개 짓을 하며 꿀 탐닉에 여념이 없다.

이제 달개비는 시름을 잊었다.

종의 번식 사명인 수정을 완료했으니까.

꽃등애도 걱정을 덜게 됐다.

오늘의 배당량 꿀 채취를 완수했으니까.

둘은 서로 행복한 상생의 사랑을 즐겼다.

달개비 : 고맙다. 꽃등애야.

꽃등애 : 고맙긴, 오히려 네가 고맙지.

이들의 사랑을 보며 마음이 뿌듯해졌다.

자연생태계의 오묘한 번식

박주가리는 늦여름부터 꽃이 피고 열매도 맺는다.
열매가 어릴 때는 통째로 사각사각 먹을 만하다.
비타민도 많고 변비에도 좋다.

잘 익은 열매가 겨울을 났다.
겨우내 씨앗을 껍데기에 싸서 잘 갈무리한 것이다.
봄이 되자 아람을 벌리고 씨앗을 토해내기 시작하고 있다.
봄바람이 부는 날은 더 분주해 보인다.
씨앗에 깃털날개를 달아 날려보내야 되니까.
이들에게는 바람불어 좋은 날이다.
세차게 불면 더 좋아하는 듯하다.

이를 보고 있노라니 자연계의 생태는 너무도 오묘하다.

바라건대 먼 곳까지 날아가서 옥토에 연착륙하길~
그리고 싹을 틔워 오롯한 일가를 이루길~
마치 자식 출가시키는 어버이의 심정이 잠시 들었다.

생명은 사라지지 않는다

얼음이 얼고 눈이 와도 얼음 밑에는 계곡물이 흐르고 있다.

억새도 생명을 잃은 것은 아니다.

겨울이 깊어갈수록 봄은 가까이 오고 있다.

머지않아 새싹이 돋아날 것이다.

그 날을 믿고 오늘을 인고하고들 있다.

세상 없어도 생명은 사라지지 않는다.

다 나름대로 살아남는 노하우가 있다.

154

주름잎꽃

주름잎꽃은 흔하디흔한 작은 꽃이다.
뿐만 아니라 매우 낮은 곳에서 핀다.
그러니까 사람들의 사랑을 덜 받는다.

그러나 자세히 보면 매우 아름답다.
앙증맞기가 여느 꽃과 비교가 안 된다.
그리고 땅에서 퍽 근접한 곳에서 핀다.

이 꽃이 사랑스럽다.
일 년 내내 볼 수 있다면 얼마나 좋을까.

그러나 겨울이 오니 어찌할 수 없다.

꾹 참고 내년 봄까지 기다려야 한다.
애틋한 이 맘을 주름잎꽃은 알고 있을까.
사랑한다.
주름잎꽃아,
기꺼이 기다려 줄게.

자연과 인간이 함께 만든 합작품의 진가

매 · 난 · 국 · 죽이 사군자임은 주지의 사실이다.

보다시피 사군자는 매화부터 시작된다.

그런데 사군자 중에 유독 군자라는 명칭을 가진 것은 군자란뿐이다.

군자란을 이모저모 살피면서 고운 선비답구나 하는 생각이 들었다.

지금 이미지로 봐도 역시 군자란은 군자란답구나 하는 생각을 굳히게 됐다.

하여 자연과 인간이 합작으로 빚은 걸출한 작품으로 자리매김하고 싶다.

참새와 인간

음식을 배달해 먹은 자리에 인간을 경계하며 참새가 날아왔다.

인간이 주변에 있는 것이 확인되면 도로 날아간다.

그랬다가 인간의 자취가 사라지면 다시 날아와서 음식 찌꺼기를 먹는다.

참새는 인간과 더불어 살면서도 인간에게 좀처럼 곁을 주지 않는다.

그러나 비둘기는 인간에게 곁을 준다.

그래서 비둘기는 인간의 사랑을 받나 보다.

참새는 눈치가 빠르다.

참새는 6 · 25의 고난 속에서도 한국 땅에서 살아남았다.

전화의 잿더미 속에서 먹을 것이 없을 때 얼마나 많은 참새들을 잡아먹었던가?

이로 인하여 한국에 사는 참새들은 유전인자에 한국인을 경계하라는 본능을 심어줬나 보다.

요즘에 이르러선 한국인도 참새를 잡아먹지 않는다.

아마 참새의 유전인자도 변화될 것으로 기대해 본다.

우리들이 못마땅해하는 일본에서는 참새들이 벌써부터 인간에게 곁을 줘 왔다.

마치 비둘기처럼 말이다.

이는 일본인들이 평소에 참새에게 곁을 주고 있었다는 증거일 것이다.

일본인은 참새에게만 곁을 줄 것이 아니다.

한국인에게 가해자인 일본이 한국인에게도 곁을 줬으면 좋겠다.

그것이 동양평화의 지름길일 것이다.

참새에게 가해자인 한국인도 텃새인 참새와 사이를 좁혔으면 좋겠다.

인간과 인간이 화목하게 사는 것을 최고의 덕목으로 치며 살듯이 말이다.

참새에게도 사랑을 베풀면 참새는 틀림없이 한국인에게 곁을 줄 것이다.

행복한 세 잎 토끼풀

노랫말에서처럼 네 잎 토끼풀(클로버)을 찾으려고 하루해를 보낸 적
도 있다.

찾은 적도 있고 그렇지 못할 때도 있었다.

왜 네 잎 토끼풀을 그토록 찾으려고 했었던가?

행여 행운을 바란 건 아니었을까?

이제와 보니 네 잎 토끼풀을 찾으려고 숱한 세 잎 토끼풀을 밟았었다.

세 잎 토끼풀은 네 잎 토끼풀로 인하여 밟혔던 것이다.

그러나 세 잎 토끼풀은 밟혔을망정 꺾이지는 않았다.

네 잎 토끼풀은 밟히지는 않았지만 꺾이는 처지가 되었었다.

인간의 행운(?)을 위하여 꺾인 것이다.
생이 도중하차된 것이다.

그렇다면 토끼풀 입장에서 보면
네 잎으로 태어나는 것보다 세 잎으로 태어나는 것이
행복한 한살이가 되지 않을까하는 생각이 든다.

자연 관찰

예빈이는 호기심이 많다.

눈 속의 낙상홍을 보고 그냥 지나치질 못한다.

고사리 같은 손으로 낙상홍을 만져보며

"꼬마 토마톤가?" 한다.

아직도 제비 같은 입모양에서 나온

그 고운 목소리가 환청으로 남아 있다.

12월 하순에 만난 민들레꽃

2004년 12월 21일

오늘은 영하 7.8도다.

지금은 춘삼월이 아니다.

동짓달이다.

그 중에서도 일 년 중 밤의 길이가 가장 길다는 동짓날이다.

그 동짓날 민들레꽃을 만났다.

순간 '동지섣달 꽃 본 듯이 날 좀 보소' 라는 노랫말이 스쳐갔다.

동지섣달 꽃 본 듯이 꽃을 뚫어져라 봤다.

물론 님 생각도 났다.

그리고 카메라를 들이댔다.

이 맛에 사진을 찍나 보다.

민들레꽃은 싱싱했고 어느 꽃보다도 아름다워 보였다.

2004년 동짓날은 민들레꽃이 눈부시게 돋보였던 날이다.

민들레야

강추위에 잘 버텨 천수를 누리렴.

이슬방울의 아름다움

세상엔 보석이 널려 있다.
보석 중의 보석은 맑고 영롱한 이슬방울이다.
아침 산책길에 나서면 이 같은 보석들을 수없이 발견할 수 있다.

다행히도 이 보석은 따로 임자가 없다.
자연을 사랑하고 이슬방울을 사랑하는 사람만이 임자일 뿐이다.

이슬방울은 곧 사라진다.
그러므로 부지런한 사람이 행운의 주인공이 되게 마련이다.

세상 사람들이여,
물방울다이아보다 아름다운 이슬방울의 주인공이 되어 보는 것은 어
떨지?

들뫼꽃은 한울이 선택한 꽃

들뫼꽃은 인간에게 선택된 꽃 같지는 않다.
그러나 한울이 선택한 꽃임에는 분명하다.

임금 곁에는 신하들이 즐비하다.
그 신하들은 임금이 선발했다.
그래서 신하들은 임금에게는 조아리지만 민초(민중)에게는 군림한다.
그들은 한울이 민초들을 선택했다는 사실을 애써 외면한다.
그런데 민초가 바로 들뫼꽃이 아닐까?

대체로 임금이 민초들을 어여삐 생각할 때가 태평성대고 그렇지 않을
때는 민초들의 생이 곤궁했다.

폭군도 겉으로는 민초를 위하는 척하는 제스처를 그럴듯하게 썼지만
속으로는 안중에도 없었다. 다만 착취의 대상일 뿐이었다.

임금이 행차할 때 임금과 신하 그리고 민초들의 행태를 보라.
곧바로 이 3자의 관계가 적나라하게 드러난다.

임금과 신하가 민초를 학대하듯이 농부는 잡초를 뽑아낸다.
그런데 문제는 이 잡초들이 들뫼꽃이라는 데 있다.
한울이 선택한 들뫼꽃을 농부가 뽑아낸다.

여기에 '먼동'의 고뇌가 있다.

가을의 진가

가을꽃의

여왕은

단연

국화다.

여왕들끼리

하모니를 이룬

국화밭은

가을을

상징하는

대명사 중의

대명사다.

국화 없는
가을을
연상할 수 있을까?

국화가 있기에,
국향이 있기에

가을은
진가를 더한다.

겨울 정경

대지는 눈으로 덮여 있다.
그 정경이 겨울다워 보인다.
아름답기까지 하다.

그러나 불상사가 생겼다.

대한이 소한 집에 놀러왔다가 그만 얼어죽었다.

삼가 애도를 표한다.

산수유 꽃망울과 열매

2005년 3월 21일

아직은 춥지만 그래도 봄기운이 돈다.

남녘에선 산수유 꽃 소식이 들려오고 있다.

그러나 서울에는 산수유가 이제서야 꽃망울을 맺었다.

꽃망울 곁에는 작년에 열린 잘 익은 산수유 열매가 아직도 달려 있다.

사람이나 새가 작위적으로 따지 않은 이상 달려 있나 보다.

지금쯤 새가 봄나들이 왔다가 따먹고 멀리 날아가서 배설하면 좋으련만…….

소생하는 대지의 어느 옥토에 그 씨앗이 떨어진다면 좋으련만…….

그리고 산수유 새싹이 순조롭게 나온다면 얼마나 좋을까?

꽃은 아름다움의 반쪽

꽃은 아름답다.
곤충이 있으면
더욱 아름답다.

꽃은 아름다움의 반쪽이다.

나머지 반은
곤충의 몫이다.

그들이

서로 의존하며 상생할 때
비로소
아름다움은 완성된다.

4월의 노래

올해도 어김없이 목련꽃이 폈다.

목련꽃이 피니 봄이 물씬 풍겨진다.

목련꽃은 4월의 상징적인 꽃답게 화사하면서도 청초하다.

마치 살아생전의 육영수 여사를 떠올리게 하듯 우아하게 폈다.

목련꽃은 '4월의 노래' 도 연상시켰다.

물론 '4월의 노래' 를 흥얼거렸다.

그랬더니 젊은 날의 추억이 아련히 스쳐 갔다.

아~~

그리던 4월이 정말로 돌아왔다.

4월의 노래

목련꽃 그늘아래서
베르테르의 편지를 읽노라
구름 꽃 피는 언덕에서 피리를 부노라
아 멀리 떠나와 이름 없는 항구에서 배를 타노라

돌아온 4월은 생명에 등불을 밝혀든다
빛나는 물의 계절아
눈물어린 무지개 계절아

목련꽃 그늘아래서
긴 사연의 편질 쓰노라
클로버 피는 언덕에서 휘파람부노라
아 멀리 떠나와 짙은 산골 나무아래서
별을 보노라

돌아온 4월은 생명의 등불을 밝혀든다
빛나는 꿈의 계절아
눈물어린 무지개 계절아

은행나무의 신비성

은행나무는 암수가 다르다.

은행나무 꽃은 남의 눈에 안 띄게 밤에 핀다.

은행을 딸 때 나는 냄새는 고약하기 이를 데 없다.

은행나무에는 해충이 안 낀다.

은행잎을 망에 넣어 집안에 두면 바퀴벌레가 끼질 않는다.

은행잎은 피를 맑게 하는 원료다.

은행 알은 안주로 애용되고 있기도 하다.

그러나 많이 들면 해롭다.

은행나무의 단풍은 유별나게 샛노랗다.

은행나무는 매우 단단한 목재이기도 하다.

은행나무는 현존하는 나무 중 지구에서 가장 오래된 종이기도 하다.

은행나무는 이처럼 매우 강인하고 자기 색깔이 뚜렷한 나무다.

전사자 속에 생존한 국화 한 송이

대단한 동장군이 일주일째 전국을 휩쓸고 있다.

대설의 융단폭격으로 도처에 전사자들이 나뒹굴고 있다.

노천에 생명을 가진 것들은 모두 죽임을 당했다.

그런데, 그런데,

그 널려 있는 주검 위에 생존자가 하나 있다.

바로 저 국화다.

갑자기 한국동란이 스쳐갔다.

마을은 전쟁터였다.

치열했던 그 전쟁터에서 너무 많은 희생자가 났다.

마을은 모두 잿더미가 됐다.

그 잿더미 속에서도 온전한 집이 있었다.
그 많은 학살을 당한 자 속에서도 살아남은 사람들이 있었다.
어쩌면 살아남은 게 욕되기는 했지만……
이제와 생각하니 시간문제일 뿐 어차피 모두가 사라져갈 것을……
생존자들도 이젠 한분 두분 먼저 가신 님들의 뒤를 밟고 있다.

저 국화도 아직은 살아 있지만 필경 옆의 희생자들의 전철을 따를 것
이다.
나도 지금은 살아 있지만 먼저 가신 님들의 뒤를 밟을 것이다.
그것이 하늘의 이치라고 믿는다.

자연미의 본보기

밤새 많은 눈이 오셨다.

눈은 온 대지를 끌어안았다.

그 중에는 아리따운 꽃도 있고 꽃봉오리도 있고 열매도 있다.

아무튼 지금까지 생명체가 살아 있었다는 것만으로도 대견한 식물들
이다.

눈이 오자 동백 봉오리는 포근하게 느낄 것 같다.

사철나무 열매는 시원하게 생각할 것 같다.

영춘화는 즐기며 반기는 것 같다.

그래서 영롱함을 더 뽐내고 있다.

이들 모두의 공통점은 아무래도 자연미의 극적인 표현으로 보인다.

작고 낮은 꽃 꽃마리

꽃마리는 이른 봄부터 핀다.

꽃마리는 아주 작게 핀다.

꽃마리는 아주 낮게 핀다.

그래서 잡초에조차 끼어주질 않는 왕따다.

꽃마리는 일찍 피지만 강인하다.

꽃마리는 작지만 귀엽다.

꽃마리는 낮지만 앙징맞다.

꽃마리는 작고 낮게 피기에 왕따 당하지만

먼동의 혼을 빼앗은 아름다운 꽃이다.

꿀이 있으면 나비는 날아온다

샘이 있으면 목마른 자는 찾아온다.

숲이 있으면 새는 서식한다.

붕어가 있으면 낚시꾼은 기어이 온다.

방앗간이 있으면 참새는 들른다.

피가 있으면 모기는 용케도 알고 찾아온다.

똥이 있으면 파리는 꼬인다.

돈이 있으면 죄 있는 사람도 무죄판결이 난다.

영양이 있으면 사자는 나타난다.

권력이 있으면 정상배는 알짱댄다.

악덕기업이 있으면 변호사는 포진한다.

퇴직금이 있으면 사기꾼은 호시탐탐한다.

유기농이 있으면 제비는 돌아온다.

명산이 있으면 알피니스트는 올라간다.

명의가 있으면 불치병 환자는 천리 밖에서도 온다.

의인이 있으면 나라는 건실하다.

효자가 있으면 집안은 포근하다.

어린이가 있으면 천사는 미소 짓는다.

성인이 있으면 사람들은 문전성시를 이룬다.

꿀이 있으면 나비는 날아온다.

고품격 물새

물새의 천연 옷이 고품격이다.

우선 색감이 우아하다.
그리고 가볍다.
뿐만 아니라 따뜻하다.
더욱이 눈이 와도 비가 와도 잠수를 해도 젖지를 않는다.
햇빛에 바라지도 않는다.

거기다 옷을 입은 채로 멋지게 수영도 하고
귀재처럼 물고기도 잘 낚는다.
나는 것 또한 멋지다.
낮게도 아주 높게도 원거리도 날아간다.
세계여행은 물론 자유자재다.

창밖은 만추

창밖은 햇살이 있다.
창밖은 바람이 있다.
창밖은 과실이 있다.
창밖은 늦가을이 피크다.

단풍 화염

단풍나무에 거센 불길이 일었다.

이만한 불길을 일으키기 위해 한여름을 다 보냈다.

드디어 활활 타오르며 최후의 기염을 토하고 있다.

대단한 화염이다.

밤새 내린 무서리로도 끄질 못했다.

오늘 밤 첫눈이라도 와야 진화가 될 모양이다.

고려산 산행

강화도에 있는 고려산은
비록 높지는 않지만
이름이 높고 곱다.

산 주변엔 가을 들녘이 황금물결을 친다.
더 먼 주변엔 바다가 물결을 친다.
큰 소리로 외치면 북녘 땅에 닿을 듯하다.

그러나 마음으로만 외쳐본다.
북녘 땅을 넘어 간도까지 이르길 상상하며.

능선 길, 계곡 길을 계속 걷는다.
낮 햇살이 따가운데
구절초, 쑥부쟁이, 두메부추, 물봉선화, 잔대, 여뀌, 용담 등
각종 가을철 들뫼꽃들이 눈길을 끈다.
어김없이 카메라에 담는다.

간간이 아람을 줍느라 시간가는 줄 모른다.
하산해서는 푸짐하게 장어구이를 맛봤다.
강화장도 구경했다.

오는 길에 약암온천에서 느긋한 시간도 가졌다.
탕 밖으로 나오니 어둠이 깔렸다.
서울에서 볼 수 없던 별 떨기가 총총하다.
서편 하늘엔 상현달이 두둥실 떠 있다.
심신은 개운하고 정취는 낭만을 끌어들인다.
곁에선 친숙한 분들의 정담이 이어진다.

오늘 같은 날도 있기에 삶은 가치를 더하나 보다.

한국에서의 10월은 아주 좋은 계절이다.

설악은 마음의 선망

대한민국에서 산의 일인자는 설악이다.

지리도 좋고, 한라도 좋고, 금강도 좋고, 백두도 좋다.

그러나 설악은 더욱 좋다.

육당도 금강을 젖히고 설악을 제일로 쳤었다.

설악은 갖출 것을 다 갖췄다.

몸매도 출중하고, 미모도 으뜸이고, 의상도 화사하다.

설악은 수려하게 빼어났다.

그러면서도 교만하지 않다.

설악의 마음은 언제나처럼 수더분하다.

설악은 어디든 좋다.

울산암도 좋고, 금강굴도 좋고, 12선녀탕도 좋다.
대청봉도 좋고, 천불동도 좋다.
그러나 설악의 진경은 아무래도 공룡능선에 있는 것 같다.

공룡능선 가는 길에는
봄엔 금낭화가 반기고
여름엔 계곡물이 반기고
가을엔 단풍이 반긴다.
겨울엔 설악산의 꽃답게 눈이 반긴다.

가는 길은 여러 곳이지만 백담을 들러 오세암에 묵으며
만해卍海를 묵상해 보는 것은 또 다른 측면이다.

공룡능선은 설악의 호연지기를 일깨워주고
동해의 부상扶桑을 우러르게 만든다.
그리고 동반자에 대한 가치를 배가시켜 준다.
설악은 마음의 선망이다.

설산과 데카포 호수

아름다운 호숫가의 식물들은 더 행복할까?
아름다운 식물이 있는 곳의 호수는 더 행복할까?
아름다운 호수를 이룬 마운틴 쿠키의 만년설은 더 행복할까?
아름다운 만년설이 녹아 만들어진 호수는 더 행복할까?

먼동이 보기엔 환상의 조화다.
그리고 이들은 절경의 3요소를 모두 갖췄다.
이들은 불가분의 관계로 비쳐진다.
데카포 호수는 그림보다 더 아름답다.

그런데 이 곳 사람들은 왜 이 아름다은 곳에 러브호텔이나 호수가든

이나 혹은 개인별장 등을 지을 줄 모를까?

자연을 자연 그대로 사랑하는 이 곳의 인간까지도 존귀하고 아름다워
보인다.

피라미드 정상의 방가지똥

피라미드 하면 으레 이집트가 연상되었다.
멕시코에도 피라미드가 있는 줄은 알았지만
이렇게 큰 피라미드일 줄은 몰랐다.

이집트의 피라미드는 무덤이다.
그러나 멕시코의 피라미드는 신전이다.

그 멕시코 피라미드의 대표적인 피라미드
예컨대 굿굴간 피라미드, 달 피라미드, 태양 피라미드를 올랐다.

굿굴간 피라미드는 뱀신을 모셨고
달 피라미드는 달신을 모셨고

태양 피라미드는 태양신을 모셨다.

놀라운 것은 하나같이 웅장하고 측량술이 뛰어난 석축신전이라는 것
이다.
이 중 대표적인 신전은 아무래도 태양 피라미드다.

태양 피라미드 정상에 서니 주변이 시원하게 들어왔다.
이 때 나를 놀래킨 것이 신전 위의 방가지똥이었다.

아니 여기가 어딘데
이 척박한 돌 신전 위에
태양이 작열하는 곳에
어떻게 생명체가 존재하나?
더욱이 꽃까지 피우나?

아주 다행하게도 숱한 탐방객이 등정하는 곳이건만
비록 잎은 밟혔지만 꽃은 보전되었다.

세계인의 꽃 사랑을 읽을 수 있었다.

인류를 지켜온 자연은 현대인에게 절망했겠지만
그래도 아직은 인류를 외면하지는 않을 것이다.

빙그레 미소가 스쳐갔다.

빅토리아 폭포에서 만난 란타나

아는 사람을 만나면 반갑다.

아는 사람을 이국에서 만나면 더 반갑다.

꽃도 마찬가지다.

어디서든 아는 꽃을 만나면 반갑다.

란타나는 아는 꽃이다.

그 란타나를 빅토리아 폭포에서 만났다.

폭포 비말에 1년 내내 젖어 있는 꽃을……

제4편 삶의 편린

꽃과 산나물

5월 중순.

꽃을 무지무지 사랑하는 사람과 둘이서 산행을 하였다.

충청도에 있는 조그마한 야산이다.

올라가면서 한 사람은 뫼꽃을 찾느라 눈이 바쁘다.

또 한 사람은 산나물을 찾느라 이리저리 눈을 돌린다.

내가 확실히 아는 산나물은 취와 두릅 그리고 고사리다.

드디어 내가 취를 발견, 한잎 두잎 뜯는다.

비닐봉지에 연신 담으며 신이 난다.

앞서 간 사람이 조용하다.

어디선가 꽃을 발견하고 사진을 찍고 있는 거다.

계속 찍고 있으면 빨리 오라는 재촉이 없으니까

한결 나도 나물 뜯기가 쉽다.

톡톡 물먹은 줄기가 잘도 끊어진다.

그 느낌! 잘라본 사람만 안다.

어떤 향수보다 취나물의 향기가 좋다.

그런데 이놈들은 몰려서 산다.

하나를 발견하면 그 옆에 또 있다.

비슷하게 생긴 놈을 따서는 안 된다.

꼬옥 헷갈리게 하는 잎이 있다.

계속 올라가며 땅만 본다.

주변을 관망할 시간이 없다.

그러다가 앞에 있는 가시돋친 나무줄기를 따라 올려다보았을 때

두릅을 발견하면 정말 재수가 좋은 날이다.

희한하게 두릅나무도 몰려 있다.

두릅 밭을 발견하면 내 입에서는 절로 콧노래가 나온다.

올라가다 보니 저 멀리서 열심히 셔터 누르는 사람이 있다.

들꾀꽃을 사랑하는 남편.

나보다 꽃을 더 좋아하는 것 같아 질투가 난다.

그래도 꽃을 좋아하니 그 마음은 얼마나 고울까 그만 용서해준다.

그러면서 혼잣말로 꾀꽃 사진보다 나물을 해 먹으면

얼마나 실용적인데 한다.

나물 없는 산은 지루하다.

왜냐하면 사진 찍는 사람을 마냥 기다려야 하니까.

꽃과 산나물은 우리들을 위해 같이 있어야 한다.

꿈을 찍는 남편과 현실을 뜯는 나의 하루 산행기다.

가보지 않은 길

강원도 양양에 있는 미천골에 등반을 했다.

화려한 가을이 무르익은 높은 산들과 깊은 계곡을 따라 걸었다.

남편과 가는 그 길은 지난날의 감사와

새로운 감사를 열기 위한 시작이었다.

세 시간을 걸어 당도한 폭포 위에 불바라기 약수가 있었다.

맑은 물이면서 탄산음료 맛을 내는 독특한 약수다.

오랫동안 흘러내린 물의 자국은 붉은색이었다.

가지고 간 조그만 페트병에 약수를 소중하게 담아 지고 내려왔다.

온 만큼을 다시 걸어가야 한다.

남편은 야생초를 카메라에 담고,

나는 캠코더에 아름다운 자연을 촬영하였다.

내가 가보지 않은 길.
이제 나의 아들이 가야 할 새 길로 보였다.
취직을 하고,
호올로 걷다가……
결혼을 하고,
둘이 가다가……
아이를 낳고,
여럿이 함께 지나가야 할 길……

그 길의 어디까지를 내가 볼 수 있을까?
갑자기 눈앞이 흐려졌다.
옆에 걷는 남편의 손을 꼬옥 잡아보았다.
아는지 모르는지 남편도 내 손을 꽈악 쥐었다.
내 앞에 펼쳐지는 굽이굽이 그 길을 따라
햇볕을 받으며
또 자연을 사랑하면서
우리의 남은 인생도,
아들의 미래도 환하게 열리기를 기원하였다.

도시락 짝꿍 칠순이

아침 일찍 식구들이 다 나가고 혼자 남았다.

이런 저런 집안일을 하다 보니 벌써 점심때가 되었다.

밥을 비벼 먹으려다 콩장을 보니 문득 옛날 생각이 하나 떠올랐다.

1960년대

고등학교 때 우리는 점심시간만 기다렸다.

왜냐면 같이 모여서 밥을 비벼먹었기 때문이다.

친구들 중 유독 칠순이가 생각났다.

칠순이는 언제나 하얀 교복 상의에 풀을 빳빳이 먹여

허리 주름까지도 줄을 세웠다.

그리고 늘 맛있는 고추장과 까만 콩장을 즐겨 싸왔다.

우리는 배가 고파도 참았다가 점심시간이 되면
양은 도시락에 들어 있는 반찬통을 꺼내고
고추장을 밥 위에 얹은 후 각자 싸온 반찬을 조금씩 나누어 담았다.
그담에 도시락 뚜껑을 닫고는
아래위로, 옆으로 그냥 한참을 흔들어댔다.
뚜껑을 열면 밥알은 하나하나 빨갛게 고추장 물이 들어 있고
까만 콩장이 따로 돌아다녔다.
어찌나 매운지 코에 땀방울이 맺히고
혀는 매워 호호대며 눈물까지 글썽였다.
그러다 칠순이가 계란 씌워 지진 소시지를 가지고 온 날은
비빔밥 맛이 환상적으로 변했다.
그 재미로 늘 점심시간이 기다려졌다.

어느 날인가 칠순이가 자기 집에 가자고 하였다.
영등포 양평동로타리 근처에 살았는데
그녀의 아버지가 참 자상하셨다.
칠순이 밑으로 남동생이 하나 있었는데
그 시대에 보기 드물게 남매뿐이었다.
그녀는 자기 방에다 책상까지 있는 유복한 아이였다.
친구들 왔다고 그 아이 아버지가
우리에게 과자랑 간식꺼리를 주시면서 친하게 지내라고 하셨다.
나는 칠순이가 너무나 부러웠다.

그 때 우리는 자그마치 3남4녀.

공부방은커녕 시집간 언니 빼고 3자매가 같은 방에서 지내면서
늘 부산스러워 내 방 하나 갖는 게 소원이었다.
밤에도 이불 하나를 가지고 서로 잡아다니고 자다 보면
셋째인 나는 늘 구부리고 이불 한 자락 배 위에 덮기도 힘들었다.
혹여 먹을 거라도 숨겨둘라치면 학교 갔다 온 사이
누가 슬쩍 했는지 자취도 없었다.
게다가 늦게까지 불을 켜고 책을 본다든지 하는 일은
거의 불가능하였다.
언니가 불을 끄라 하면 우린 모두 싫어도 자야만 했다.
그러니 내가 얼마나 그녀가 부러웠겠는가?
자기 방에 책상도 있고 서랍도 열쇠로 채우고……
양평동에서 영등포역 근처 우리 집까지 터덜터덜 걸어오며
'내가 이담에 시집가서 아이를 낳으면 꼭 공부방 하나씩 해줄 거야.'
하며 다짐을 하였었다.

그런데…… 지금
도시락 짝꿍 칠순이는 어디서 어떻게 살고 있을까?
궁금해진다.

디자이어의 끝은 언제나

디자이어의 뜻은 욕망, 욕구, 요구, 원망願望이다.
욕망의 끝은 없는가……?

나의 작은아들이 대학에 들어갈 때는
제발 대학이라는 곳에 들어가기만 하면 바랄 것이 없었다.
대학생이 되어 공부를 슬렁슬렁 할 때는
우선 졸업만 하면 될 것 같았다.
대학원생이 되었을 때는 기쁘기도 하였지만,
막상 졸업을 하여 취직을 하지 못하니
취직만 하면 원이 없을 것 같았다.
드디어 취직을 하고 나니 슬슬 결혼문제가 고거를 들었다.
어디 참한 색시 없나 하고 바라게 되었다.

아들에 대한 디자이어는 새록새록 제목만 다를 뿐 자꾸 생겨났다.
큰아들이 결혼하고 1년이 지나도록 아기가 없을 때
속으로만 아기를 기다렸다.
손녀가 태어나니 그렇게나 기뻤다.
이제는 손녀가 건강하기를 바라고
이 다음에 자기가 하고 싶은 일을 하며 살기를 희망한다.
언제까지 자라는 모습을 볼 수 있을지는 몰라도
좋은 신랑감을 만나기를 또 디자이어 한다.
나날이 조금씩 늘어만 간다.

남편은 어떤가?
그 사람이 책을 쓴다고 공부만 파고들 때
나는 그의 책이 되고 싶었고,
이후에 컴퓨터에 앉아 취미생활을 키워갈 때
나는 컴퓨터가 되고 싶었다.
또 사진을 찍는다고 카메라를 애지중지할 때
나는 카메라가 되고 싶었다.
이렇게 남편에 대한 나의 디자이어는
이리저리 옮겨다니며 끊임없이 바뀌었다.
디자이어의 대상이 누구든지 간에 날마다 해마다 변해 갔다.

그러다가……
아들이 건강하게 직장생활을 하니 다행이다.
자식이 아픈 사람을 생각해 보라.

요즘 아기 없는 사람이 얼마나 많은가.

예쁜 손녀를 얻었으니 무엇을 더 바라랴.

그래도 내 남편이 옆에 있으니 얼마나 좋으냐?

있을 때 고마워하자.

이렇게 생각을 돌리면

나의 디자이어는 저 멀리 사라지고

그 순간부터 나는 제일 행복한 사람으로 탈바꿈한다.

그래서 나의 디자이어의 끝은 언제나 해피엔딩이 되고 만다.

금난새 님이 지휘를 멈춘 까닭

가을도 깊어가는데

마침 예술의 전당 콘서트홀에서 열리는 음악회에 참석하게 되었다.

바이올린 주자들을 필두로 오케스트라 단원들이 자리를 잡고 나니

드디어 열정의 지휘자 금난새 님이 등장하였다.

21세기 창작계의 주역 23세의 김솔봉 님이 작곡한

Credo & Singularity를 한국 초연하는 자리였다.

금난새 님의 지휘로 「사랑의 위대함」이 아름답게 연주되었다.

두 번째로 구본주 님의 바이올린 협주곡이 이어졌는데

갑자기 중간에 서서히 연주가 마무리되었다.

독주자와 함께 오케스트라 단원들은 조용히 정지하고 있었다.

일순 음악에 무지한 나도 이상함을 느꼈다.

금난새 님은 옆으로 돌아서서 지휘자의 왼쪽 2층을 바라보시며
조용히 하얀 장갑 낀 손을 입에다 갖다 대었다.

쉬잇!
모든 청중이 지휘자의 시선을 따라 2층을 바라보았다.
어린이 두 명이 퇴장하는 게 보였다.

둘이서 계속 시끄럽게 장난을 쳤던 것이다.
우리는 앞만 보고 연주를 들으려고 하였기에 몰랐는데
지휘자 귀에는 그 소리가 장애가 되었던 것이다.
다시 지휘자의 지휘봉에 따라 연주는 계속되었다.

마지막에는 새사람 합창단의 합창과 함께 크레도가 세계 초연되었다.
합창과 오케스트라는 한 몸이 되어
뒤로 갈수록 폭발적인 힘으로 청중들을 사로잡았다.
지휘자는 여섯 번이나 두발을 차고 올라 박력을 더해 갔다.
마지막에 하늘을 찌를 듯한 지휘봉의 마무리.

와아~ 대단하였다.
그 열정! 그 힘! 그 감동!
우레와 같은 박수를 치느라 내 손바닥은 빨갛지 또 얼얼하게 되었다.

나의 짝사랑 에므

크리스마스가 되면 가끔 생각나는 사람이 있다.

내가 짝사랑하던 엠이다.

실명을 밝힐 수 없음을 이해해 주기 바란다.

중학교 때 나는 영등포에 있는 작은 교회에 다녔다.

그 때의 중등부 교사가 바로 엠이다.

그는 명문 사립대의 물리과 학생이었다. 게다가 잘 생긴 얼굴에 교복을 입고서 알오티시 표지를 단 멋진 베레모를 삐딱하게 쓰고 나타나면 나를 위시한 친구들은 넋을 잃었다.

가슴이 뚝딱거리며 얼굴을 발갛게 물들이고 수줍어하면서도 한 번 말을 걸어주기를 얼마나 바랐던가?

그가 해주는 성경말씀은 귀에 하나도 들어오지 않고 그의 일거수일투

족에만 관심이 있었다.

웃는 모습도 멋지고 걸어가는 것도 씩씩하였다.

보이지 않은 시샘 속에 우리는 크리스마스를 맞이하게 되었다. 그 때는 새벽송이라는 것이 있어서 성탄 이브에 교인들 집집마다 다니며 캐롤이나 고요한 밤, 기쁘다 구주 오셨네 등 찬송가를 목청껏 불러주었다. 암만 추워도 추운 줄 모르고 신나서 다녔다. 노래가 끝나고 메리크리스마스를 외치면 교인이 나와서 맛있는 과자나 강냉이, 사탕 등을 주었다. 그게 또 그렇게 재미가 있었다. 몰려다니는 사람들 가운데 물론 엠도 있어서 추운 줄도 힘든 줄도 몰랐다.

그 후 엠은 우리가 공부가 뒤진다며 일 주일에 두 번 물리와 수학을 가르쳐 주기로 하였다. 교회 뒤 별실에서 칠판을 달고 우리에게 열심히 가르쳐주었다. 그 때는 과외란 것이 없던 시절이라 우리는 으쓱대며 공부한다고 재고 다녔다. 하물며 우리가 존경하는 엠이 선생님이라니……. 공부가 끝나도 서로 질문을 하겠다며 엠을 물고 늘어졌다. 학교에 가도 지겹던 물리, 수학이 그렇게 재미가 있을 수가 없었다.

그러다가 중학교를 졸업하고 나서는 엠을 자즈 볼 수 없었다.

들리는 소문에 고등부에 다니는 고3언니와 연애를 한다고 하였다. 하필이면 수다스러운 그 언니를 사귄다는 게 믿을 수 없었다. 그 언니가 무지무지 미웠다. 그러다가 대학에 가서는 이사를 하였기에 더 이상 그 교회에 나갈 수가 없었다.

그런데 크리스마스와 새벽 송에 오버랩되어 생각나던 나의 짝사랑을 사진을 통해 우연히 보게 되었다.

얼마 전이다. 어릴 적 같은 교회에 다니던 친구 집에 갔을 때 그 엠이 지금은 미국에 사는데 다니러왔다가 찍은 사진이라며 보여주었다.

세상에! 대머리에 뚱뚱한 노인이 머리 허연 할머니와 웃고 있는 게 아닌가?

분명 늙긴 했어도 그 언니가 틀림없었다.

아니 이럴 수가?

"야아~ 이 사람 에므 선상님 맞어 ~엉?"

고등어 한 마리

고등어 한 마리를 반으로 갈라 넓적하게 구운 것이

접시에 담겨 나왔다.

살점을 뜯어 입에 넣는 순간 눈물이 핑 돌았다.

지금껏 나 한 사람을 위해

생선 한 마리를 통째로 구워본 적이 있었던가?

핸드폰을 고치러 나온 김에 다리도 아프고 배도 고픈지라 가까운 음

식점으로 들어갔다.

식당 안은 사람들로 바글거렸다.

나처럼 혼자 들어온 사람은 안 보였다.

그냥 나갈까 하다가 문가에 앉으라 하기에 자리를 잡았다.

오늘의 메뉴에 동태찌개가 5,000원이라고 씌어 있었다.

그런데 동태찌개 1인분은 안 된다고 하였다.

언젠가 홀로 되신 할아버지가 제일 불편한 것은

음식점에 가서 먹고 싶은 것을 못 먹는 거라고 하신 이야기가 생각났다.

2인분 이상 시켜야만 되는 음식이 바로 그런 경우다.

그래서 시킨 음식이 생선구이였다.

어찌나 크고 지글거리는지 먹음직스러웠다.

내가 이런 호사(?)를 누려도 되는가 싶었지만 열심히 먹었다.

놀랍게도 다 먹었다.

식당을 나오면서 배는 불렀지만 내 마음엔 황량한 바람이 불었다.

왜냐하면,

누구를 위해서 이 나이까지 살았는지 생각했기 때문이다.

그 때 고등어 한 마리가 나에게 속삭이며 일러주었다.

"이제부터는 너 자신을 귀하게 여기며 대우를 하라."고.

간월도와 안면도 사이의 미스터리

올 들어 가장 춥다는 날에 길을 떠났다.

더구나 서해안에 대설주의보가 내린 가운데 안면도를 향해 달렸다.

행담도에서 일행을 반갑게 만났다.

눈발이 휘날리는 가운데 고속도로는 전세를 낸 것처럼 널널하였다.

마침 간월도는 씨푸드 페스티벌이 끝나서 한산하였다.

12시경 간월암으로 가는 바닷길이 열려 있어서

사람들이 그냥 건너가고 있었다.

점심으로 간월도의 자랑 영양 굴밥을 주문하였다.

굴은 별로 없고 콩나물밥이 아닌가 싶었다.

그래도 구운 준치를 한 마리씩 먹게 해즈어 다행이었다.

간월암으로 가는 바닷가로 나가니 그새 밀물이 되어

길이 잠겨버렸다.

굵어졌다 가늘어졌다 하는 눈발을 바라보며 안면도를 향했다.

5시경 콘도에 도착하여 여장을 푸는데

남편이 영 안 나타나는 것이었다.

나중에 들어보니 승용차 자동키를 잃어버렸다고 했다.

분명히 간월도 떠날 때 시동을 걸었는데

안면도에 도착해 보니 없다는 것이다.

귀신이 곡할 노릇이었다.

운전석 바닥을 뒤지고 엎었지만 없었다.

아까 들렀던 식당에 전화를 걸어 물어보았지만 없다고 하였다.

할수없이 수동열쇠로 차를 잠그고 방으로 들어왔지만 찜찜하였다.

간월도와 안면도 사이에 일어난 미스터리!

뽕하고 켜지는 자동키가 그리워졌다.

이튿날 아침을 먹으러 식당으로 나가는데

밤새 내린 눈이 소복하였다.

바닷소리! 파도가 거칠게 밀려오고 있었다.

남편은 갑자기 날 보고 먼저 가라고 하더니 주차장 쪽으로 갔다.

로비에서 기다리고 있는데

한참 후에 시퍼렇게 얼은 남편이 뛰어 들어왔다.

손에는 얼어붙은 자동키가 들려 있었다.

어떻게 된 거냐니까 처음 주차했던 자리가 의심스러워 가보았더니

뒷문 자리 근처에 떨어져 있었다고 하였다.

눈 속에 파묻혀 얼어버린 키가 과연 작동을 할까?

걱정이 되었다.

216

히야~ 이게 웬 일?

뽀옹 하면서 철컥 문이 열리는 게 아닌가?

좋다고 내가 봉봉 뛰니까 남들도 다 알아버렸다.

드디어 미스터리가 풀렸다.

간월도에서 출발해서 안면도에 내릴 때까진 정상이었다.

그 담에 열쇠덩어리에서 자동키가 떨어진 것이다.

가죽끈이 나들나들 닳아서.

또 하나 알았다.

원래 건전지 보관을 할 때 냉동실에 둔다는 것을.

눈이 와서 꽁꽁 얼었기에 망정이지 비가 와서 물 속에 있었다면

찾아도 아무 소용이 없었을 것이다.

대설주의보가 내렸던 안면도!

다시 찾은 자동키와 함께 하얗게 부서지던 겨울파도가 생각난다.

아버지의 큰 사랑

며칠 전 어느 인터넷 카페에서 「아버지의 큰 사랑」이란 글을 읽었다.

70이 넘은 분이 돌아가신 아버지를 향해 잘못한 일을

조목조목 써 가며 용서를 구하는 글이었다.

그리고 아버지는 돌아가신 후에 보고 싶은 분이란 말로 끝을 맺었다.

그것은 그 사람의 이야기가 아니라 바로 나의 이야기였다.

한참동안 아버지를 생각하며 정말로 아버지가 막 보고싶어졌다.

우리 아버지는 유난히 자식들 공부에 열성적이셨다.

학교에서 학부형을 모시고 오라고 하면 으레 아버지가 참석하셨다.

다른 아이들은 보통 엄마가 오셨는데

우리 형제자매들의 경우는 달랐다.

그래서인지 아버지는 학교의 육성회장도 하시고

학부형 대표도 맡으셨다.

초등학교 때 교장선생님이 아버지를 보고 크게 인사를 하시면서
반갑게 대하시는 걸 보고 아버지가 무척 자랑스러웠다.
딸만 많은 집에서 귀하게(?) 태어난 남동생이 공부를 잘해서 전교 1등
을 하고 K중학교에 입학했을 때 아버지의 프라이드는 대단하였다.
아침마다 버스정거장까지 동생을 배웅해 주셨던 기억이 난다.

또 내가 고등학교를 졸업할 때
아버지는 학부형 대표로 인사를 하셨다.
그 때는 졸업식 끝 무렵 교장선생님의 축사가 있은 후
학부형 대표의 답사가 있었다.
아버지는 며칠 전부터 연습을 하셨다.
당일에 아버지 차례가 되었을 때 학교에 대한 답사였으므로
교직원은 물론 모든 학생들이 기립한 상태로 숙연하게 경청하였다.
인물 좋고 멋쟁이셨던 아버지가 높은 단상에 올라섰을 때
내 가슴은 뿌듯함으로 가득찼다.
그런데
우리 아부지!
도무지 끝낼 생각을 아니 하시는 것이다.
철부지들을 가르치신 선생님들의 노고와 학교당국의 수고에 대한 감
사가 절절하게 이어지고 있었다.
친구들은 나를 꾹꾹 찌르고 쳐다보며 눈치를 주기 시작했다.
그러나 저 멀리 단상에 올라가 계신 아버지에게
무슨 수로 연락을 할 수 있으랴!

1분 1초를 애타하면서 나는 제발 빨리 끝내주기만을
간절히 빌고 또 빌었다.
손에는 왜 그리 땀이 또 바작바작 나는지.
드디어 "짧게나마(?) 인사를 대신한다."는 말씀이 나오자
청중들이 우레와 같은 박수를 보냈다.

또 하나.
어느 날인가 유난히 잠이 많으셨던 아버지께서
안방을 들락거리는 동생들 땜에 잠을 잘 수가 없다고 하시길래
나는 무심코 "그럼 아버지 저기 저 병풍 뒤로 가셔서 주무셔요" 하였다.
그랬더니 갑자기 아버지는
"무슨 그런 말을 하냐? 죽으면 병풍 뒤로 갈 터인데." 하셨다.
그 때는 그 말씀의 뜻을 몰랐다.
30여 년 후 아버지가 돌아가셨는데 바로 시신을 병풍 뒤에 모시고
조문을 받게 되었다.
왜 내가 그런 말을 했던가…… 두고두고 후회가 되었다.
아버지는 이 철부지가 한 말에 얼마나 서운해하셨을까
죄송할 따름이다.
이제는 잘못했다는 말도 전할 수가 없으니
천국에서나 뵈면 아뢸 수 있을까?

안타까운 심정으로
아버지~~
한 번 불러봅니다.

KBS에서 온 전화

오후 6시경 혼자 있는데 전화가 왔다.

KBS의 「TV는 사랑을 싣고」팀이라면서 나를 찾았다.

어째 느낌이 하 수상하여 지금 없다고 하였더니 꼬치꼬치 캐물었다.

언제 들어오냐고?

왜 그러냐니까 어떤 분이 날 애타게 찾는다고 하였다.

나중에 전화를 하겠다고 하였다.

누가? 왜? 나를?

아무리 생각하여도 날 찾을 사람도 없거니와 요즘 그 프로에서 '용서'

라는 코너가 생겼다던데 누구한테 잘못한 일은 없는지 공연히(?) 걱정

이 되었다.

탤런트나 가수가 된 제자가 찾는 것은 아닐까 하는 생각도 들었다.

원래 TV에 나오는 사람 이름도 잘 모르는 터라 오리무중이었다.

그 날따라 남편은 저녁모임에 갔는데
이후 전화벨이 10분, 30분 간격으로 자꾸 울려댔다.
마음이 불안한 가운데
언젠가 시청했던 프로그램에 대한 기억이 되살아났다.
TV에 출연하여 문 뒤에 서서 누군가 소리쳐 부르면
문이 열리고 뛰어가 서로 반갑게 포옹을 하고……
아니지, 그런 쇼를 하러 내가 뭐하러 나가나 하는 생각이 들었다.
참다 참다 남편에게 전화를 하였다.
KBS에서 쉴 사이 없이 전화를 하니 나 좀 살려달라고 했다.
영문을 모르는 남편은 걱정 말라고 하면서 빨리 오겠다고 하였다.
그러는 동안 여러 번 전화가 더 왔다.
받지를 않았다.

드디어 기다리던 남편이 왔다.
자초지종을 이야기하니 왜 한 번 나가보지? 하였다.
극구 싫다고 하니 대신 전화를 받겠다고 하였다.
과연 전화가 또 왔다. 밤 10시경.
알고 보니 유명한 여성학자 한 분이
N중학교 2학년 때 담임이었던 나를 찾는다고 하였다.
물론 남편은 점잖게 사정이 있어 TV에 아내가 나갈 수 없다고 거절을
하였다.
휴우~ 안도가 되었다.

들어보니 35년 전 교사 초년기에 만났던 학생이었다.

그런데 내 기억은 감감하였다.

잘 알지도 못하면서 프로듀서가 시키는 대로 연극을 할 수는 없었다.

안 나간다고 하길 참 잘했다 싶었다.

어떤 사람은 일생에 한번 올까 말까 한 기회를 놓쳤다고

내 대신(?) 무척 애석해하였다.

전국적으로 피알할 기회를 놓쳤는지도 모른다.

사실 순간적으로 나가볼까 하는 생각이 든 것도 사실이다.

그러나 나의 젊고 열성적이던 모습.

그 때의 기억을 그대로 간직해 주기를 바라는 마음이 더 컸는지도 모른다.

추억은 아름답지만 후에 다시 찾아가면

실망만 남는다는 이야기도 있지 않은가?

나의 제자여!

그 때가 아름답게 기억된다면 그대로 놓아두시구려…….

증말 이러시면 안돼유우~

‘호두나무’ 집은 닭도리탕을 하는 식당이다.

한적한 시골 저수지 옆에 자리잡고 있는 이 식당은

늘 손님으로 북적거린다.

얼마 전 ‘사랑 모임’의 세 부부가 거기를 갔다.

한 친구가 회갑이라 맛있는 걸 푸짐하게 먹자 하여

닭도리탕과 백숙을 시켰다.

순서대로 나와 잘 먹고 있는데 여주인이 어죽 두 그릇을 들고왔다.

맛이나 보라며…….

사실 어죽은 한 번 먹어봐야지 하긴 했으나

한 번도 먹어보질 못했던 음식이다.

한 국자씩 덜어 맛을 보니

그것만 먹어도 충분히 한 끼 식사가 될 듯하였다.

조금 있더니 술 한 병을 주셨다.
기사님들은 술을 못 드실 테니
사모님들 드시라고 기어코 놓고 가셨다.
얼마 후에는 문을 여시더니
"짠지 좋아 허시넘유~? 좀 드릴까유~?"하셨다.
"나이 든 사람들이라 좋아하기는 하지간 그만두셔요."하였다.
잠시 후 짠지를 담은 비닐봉지 세 개를 들고 오셨다.
고맙기도 하고 미안스러웠다.

어지간히 먹고 한참 이야기꽃을 피우고 있는데
또 아주머니가 오시더니,
"땅에 묻은 김장김치가 있는데 좋아 ㅎ시나 돌러~?"하셨다.
"세상에나 지금이 8월 인데 아직도 김장김치가 있어요?"하니
그렇다고 하셨다.
이번에도 "귀한 거라 먹기 어렵지만 그만 두세요~.
안 가져가렵니다."하였다.
그런데 묵은지 세 봉지를 또 들고 오셨다.
우리는 서로 쳐다보며 "이걸 어쩌면 좋아?"
참 난처하였다.
그래서 얼른 일어나 가기로 하고 방을 나왔다.

마당에서 별을 보고 바람을 쐬고 있는데 그분이 또 인사를 하시면서

"시골 된장 맛있는데 잡숴 볼텨어~?"
"아닙니다. 이제 너무 미안해서 갈랍니다.
오늘 너무 너무 고마웠습니다." 하고는 차를 타러 줄행랑을 쳤다.
그런데 번개도 이렇게 빠르지는 않을 거다.
아주머니가 까만 비닐 봉다리(?) 세 개를
각각의 차 속에 밀어넣는 거였다.
"증말 이러시면 안 돼유우~~~ ~"
해드린 것도 없이 이렇게 받기만 하니……

맛있는 시골된장 찌개를 끓이며
그분의 질그릇 같은 사랑을 떠올렸다.

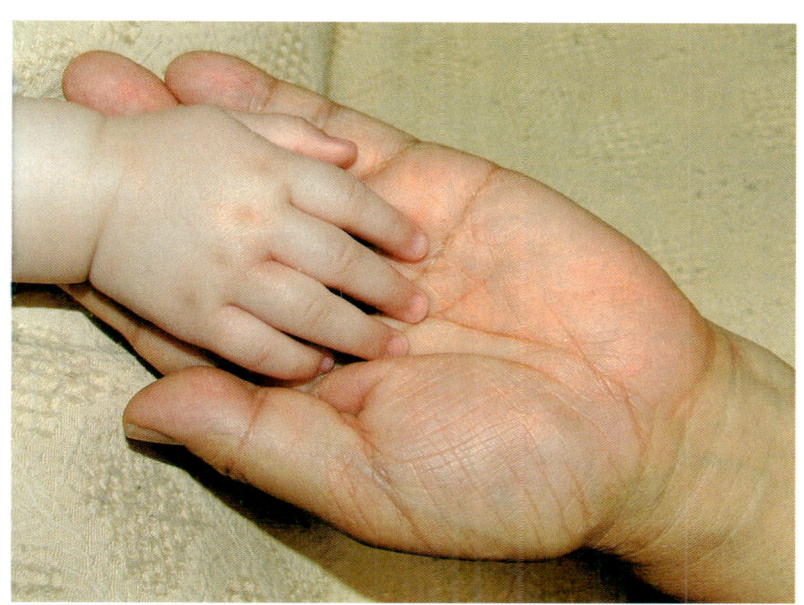

줄을 놓았을 때

이른 아침에 눈을 떠서
안방 창을 올려다보니 넓은 줄이 늘어져 있었다.
늘 창문 밖으로 가득 들어오는 울창한 메타세쾨이어가 좋았는데
오늘은 그 줄이 눈에 거슬렸다.
윗집의 에어컨 줄에 감아놓은 테이프가 풀려 늘어져 있는 것이었다.

줄!
갑자기 내 자신이 수많은 줄을 잡고 있지 않은가 하는 생각이 들었다.
탯줄로부터 시작된 인생이 수많은 인간관계를 맺으며 얽히고 설키며
줄을 잡으려고도 했으며 그 줄을 끊으려고도 해 왔다.

놀이공원에 길게 실을 맨 풍선을 다발로 묶어가지고 있다가
아이들에게 하나씩 풀어 파는 풍선장수를 보았다.
팔 때마다 풍선은 줄어들고 무게는 가벼워졌다.
때론 팔다가 줄을 놓쳐 그냥 날아가 버린 풍선도 있었다.
다 팔고 돌아서는 풍선장수는 얼마나 뿌듯하게 집으로 돌아갔을까?
그 풍선장수는 돈을 벌기 위해 줄을 놓았지만
결국 산다는 것은 줄을 하나씩 놓는 것일까? 잡는 것일까?
요즘 내가 붙들고 있는 줄은 어떤 것인가 곰곰 생각을 해보았다.
지금이라도 당장 내가 놓아 버려도 될 줄이 있는가 하면,
내가 손을 놓으면 바로 쓰러질까 봐 놓지 못하는 줄도 있다.
사람과 맺은 인연도 세월 따라 떨어지기도 하고
새로 이어지기도 한다.
때론 뭔가 하고 싶은 욕망의 줄도
탄탄해지기도 하고 느슨해지기도 한다.

교직을 그만둘 때 나는 교육계가 큰 손실이라고 생각했다.
20여 년간의 노하우와 실력(?)이 아깝기만 하였다.
그래서 망설일 때 남편은
"당신이 그만두는 것은 흘러가는 냇가의 조약돌 하나 없어지는 거요.
물은 계속 흘러갈 터이니 걱정 마시오." 하였다.
과연 그랬다.
그 줄을 놓고 얼마나 홀가분해지고 마음의 여유를 갖게 되었는지.
지금도 혹시 그런 줄을 움켜쥐고 있는 것은 아닐지?
모든 줄을 놓았을 때 진정한 자유를 얻었다고 하지 않을까…….

투피스를 입고 산으로 올라간 사연

36년 전 5월 23일!

나는 투피스를 입고 산으로 올라갔다.

생각하면 참 그 때로서는 튀는 일이었다.

아카시아가 좋다고 산에서 약혼을 하기로 했으니 말이다.

우리는 각자 시계를 하나씩 샀다.

두 사람은 깨끗한 투피스와 신사복을 입고

우리가 처음 만났던 분당의 산 밑에서 만났다.

증인도 꼭 필요할 것 같아 약혼자의 친구 부부를 초청하였다.

물론 증인들도 정장을 하고 왔다.

산 위로 올라갔는데 하양 아카시아가 만발하여 꽃향기가 진동을 하였다.

투피스에 구두를 신고 등산을 해 본 것은

그 때가 처음이자 마지막이었다.

땀을 뻘뻘 흘리며 올라간 우리는

시계를 서로 채워주고 시간을 똑같이 맞추었다.

우리 두 사람이 같은 길을 가는 시작이었다.

증거가 있어야 한다며 증인이 사진도 한 방 찍어주었다.

두 사람의 손목에 채워진 시계를 클로즈업하여 말이다.

그담엔 증인들이 가지고 온 선물을 풀었는데

그게 바로 아이스크림이었다.

드라이아이스를 넣어가지고 왔지만 더위에 반은 녹았다.

갈증이 나서 맛있게 먹던 차에 벌들이 단내를 맡고 어떻게나 앵앵 달
려드는지 막 입으로 들어가려고 해서 혼이 났었다.

내려오는 길에 약혼자는 네잎클로버를 하나 발견하여 내게 주었다.

또 보라색 붓꽃 한 송이를 따서 내 가슴에 꽂아주었다.

그 때의 행복했던 기분이 다시 떠오른다.

그 날 저녁에는 영등포 대지사장에서 약혼사진을 찍었다.

빌려입어 헐렁한 양복의 약혼자와 한껏 멋을 낸다고

머리에 나비리본을 단 내가 진지한 얼굴로 찍은 단 한 장의 사진!

무엇과도 바꿀 수 없는 우리들 생애의 귀중한 이미지다.

증인을 서주었던 친구의 아내는 벌써 세상을 떴다.

이 세상에서 그 일을 아는 사람은 이제 세 사람뿐이다.

이 날 이 때까지 서로 믿고 아끼며 살아올 수 있음에

무한한 감사를 느낀다.

그리고 앞으로 남아있는 생을 마칠 때까지

처음 마음으로 그렇게 사랑하며 보내고 싶다.

야쿠르트에 얽힌 한

우리 아들들이 어렸을 땐 야쿠르트를 배달해 먹였다.

하루 두 개 씩.

어느 날인가 어머니께서 아이들이 다 마신 야쿠르트 병을 기울여 한 방울까지 드시는 걸 뵌 적이 있었다.

그런데도 그 때는 여유가 없이 제 자식만 챙겼었다.

사랑과 정성으로 외손자들을 키워주셨건만.

요즘엔 야쿠르트도 흔하고 사먹기도 쉬워졌지만

어머니가 돌아가신 후

왜 그 흔한 야쿠르트 한 번 원 없이 사드리지 못했을까 후회가 되었다.

늘 그렇지만 돌아가신 다음에 잘할 걸 하면 두엇 하나?

그래서 나는 어머니 산소에 갈 때마다
야쿠르트를 사서 상석에 올려놓고 절을 올린다.
마음이 괴로울 때나 집안에 좋은 일이 있을 때는 산소에 간다.
꽃다발 하나와 야쿠르트를 들고.
빨간 꽃을 좋아하셨던 어머니 성정을 알기에
이번에도 빨간 카네이션을 샀다.
아들의 영전과 두 번째 손녀의 출생이라는
기쁜 소식을 아뢰려고 달려갔다.
아들과 손녀까지 함께 나선 길이기에 더 좋았다.
날씨도 좋고 지천으로 피어있는 들꽃들이 우리를 반겼다.
노란 꽃, 하양 꽃, 보라 꽃들이 천지였다.
손녀는 이리 저리 제 세상인양 뛰어다녔다.
부모님께 인사를 드리고 커피는 우리가 마시고
손녀에게는 야쿠르트를 쥐어주었다.
손녀는 들고 다니면서 조금 마시더니
갑자기 야쿠르트 병을 거꾸로 들더니 산소에 뿌리는 거였다.
뺑뺑 돌아가며 신나게 뿌리는 손녀를 보며 나는 속으로
"어머니 야쿠르트 많이 드세요. 손녀가 제 마음 어찌 알고 시키지도
않았는데 저러는지 모르겠네요. 야쿠르트만 보면 어머니 생각났었는
데 야쿠르트에 얽힌 한을 풀어 버리렵니다. 그래도 괜/찮/지/요......?"

돌아오는 차 속에서는 어린 손녀와 함께 신나게 노래를 불렀다.
"곰 세 마리가 한 집에 살아~
아빠 곰, 엄마 곰, 아기 곰!

아빠 곰은 뚱뚱해~ 엄마 곰은 날씬해~
아기 곰은 너무 귀여워~~
히죽히죽 잘 한다~아 ───────!"

행복 실은 마차

냉이 좀 캐 각고 갈텨어~
아니 지금 11월인데 냉이가 있어요?
호미 가주구 날 따라와 봐유우~
여보~ 이분덜 호미서컨 자루 하나썩 앵겨 주시요오~

가끔 시골에 가서 뵙는 할아버지와의 대화다.
마침 점심을 먹고 겨울 들판에서 휴식을 취하고 있는데
냉이 소리를 하셨다.
나물 캐는 일이라면 눈이 번쩍 떠지는 나인지라 두 말없이 따라갔다.
딸딸이를 몰고 배추를 뽑으러 가시는 할아버지를 앞에 하고
밭 두덩을 암만 살펴보아도 냉이는 없었다.

어디 있냐고 여쭈니 무밭으로 들어가라 하셨다.

과연 잘 자라고 있는 무들 사이로 냉이들이 보였다.

어느 것이 냉이인지 남편한테 심사를 먼저 받은 후

본격적으로 냉이를 캐기 시작하였다.

그런데 여기도 냉이, 저기도 냉이……

하나를 캐면 또 하나가 보이고 나는 신이 났다.

얼마 후 남편은 손목 아픈 사람이 무리하지 말고 그만하라고 했다.

근데 재미가 있어서 그런지 팔도 아프지 않았다.

할머니가 밭으로 나오시더니

내일 김장을 한다고 하시면서 무를 뽑기 시작하셨다.

그리고는 작은 무들을 한 쪽으로 비껴 놓으시면서

가져가겠냐고 그러셨다.

좋다고 하니 연방 갖다 놓으시는데 금방 한 무더기가 되었다.

내일이라도 추워지면 얼어버린다며 많이 가져가라고 하셨다.

이제 되었다고 해도 막무가내셨다.

게다가 어찌 작은 무만 줄 수 있냐고

이제는 큰 무들을 막 올려놓으셨다.

아이쿠 이걸 어쩌나~?

걱정이 막 되었다.

벌써 남편은 무밭에서 도움을 드린다고 몇 고랑째 무를 뽑고 있었다.

자청하여 일꾼 노릇을 하고 있었다.

나도 무를 뽑아본다고 있는 힘을 다 주어 잡아당겼더니

의외로 쑥 뽑혔다.

덕분에 엉덩방아를 찧었다. ㅎㅎㅎ

배추도 몇 포기 가져가서 쌈 싸 먹으라고 하셔서 괜찮다고 하다가
한 아름 되는 배추포기를 휘잡아 뽑으려 하니 영 나오질 않았다.
할아버지가 오시더니 낫으로 척 밑동을 쳐내니
감쪽같이 똑 떨어져 나왔다.
신통하기도 하고 아무것도 모르는 내가 부끄럽기도 하였다.

냉이와 배추, 무 자루를 싣고 서울로 오면서
즐거운 고민이 시작되었다.
이걸 누구누구한테 나누어 줄까? 하면서
마치 행복 실은 마차를 타고 마을을 향해 달려가는
동화의 주인공이 된 기분이 들었다.

주름진 얼굴과 장미꽃

어제 저녁 나는 장미꽃을 받았다.
띵동 하는 초인종 소리에 문을 여니
환한 얼굴에 미소를 띤 남편이 꽃바구니를 내밀었다.

빨강, 분홍, 노랑색이 섞인 참 개성 강한 장미들이었다.
분명히 우리 동네에서 제일 비싼 꽃집의 아저씨에게 이거요 저거요
하면서 한 가지 색이 아닌 여러 가지를 그의 취향대로 골랐을 것이다.
내가 보기에 좀 유치하지만 그런대로 화려한 꽃바구니를 들고 나는
가슴이 뭉클하였다.

장미 향기를 맡으며 그 아름다운 자태에 취해 있는 내게
그 사람은 장미만 쳐다보고 갖다준 사람은 쳐다도 안 보냐고 하였다.

고개를 돌려 그를 쳐다보는 순간 갑자기 가슴이 콱악 막혔다.
웃음 가득한 눈 사이에 깊은 주름과 이마와 뺨에 나 있는 주름들이
마음을 아프게 하였다.
그렇게 주름이 깊어져도 오직 나만을 아끼는 그의 마음이
더욱 커짐을 느꼈기 때문이다.
여보 고마워요 하면서 나는 안방으로 튀어 들어갔다.
그 사람이 촉촉이 젖은 내 눈을 볼까 봐서.
그리고 남편에게 안타까운 내 마음을 들킬까 싶어서였다.

사실 어제가 결혼기념일이었다.
아침 햇살에 장미꽃도 내 마음에 핀 사랑 꽃처럼 빛나고 있었다.

무진장 행복한 날!

남편의 정년 기념 '라프리카' 사진전이
2007년 5월 14일 행원스퀘어에서 열렸다.
많은 분들의 축하 속에 식이 진행되고 테이프 커팅으로 개막되었다.
라오스와 아프리카를 여행하면서 자연과 인간을 주제로 찍은 것이었
기에 '라프리카' 사진전이라는 이름을 붙였다.

처음 사진전 이야기가 학과에서 나왔을 적에 극구 사양하던 남편이
마지못해 응낙한다고 하였을 때 내심 걱정이 되었다.
학생들이 제대로 해낼까? 초라하지는 않을까? 별 생각이 다 들었다.
다행히 나의 우려는 전혀 현실로 나타나지 않았다.
흰 블라우스와 까만 치마로 정장을 한 예쁜 여학생들이 일사분란하게
움직이는 것을 보고 놀랐다.

특히 수화로 스승의 은혜를 합창해 줄 때는 눈시울이 뜨거워 꾹꾹 참느라 혼났다. 고마웠다.

그리고 깊이 감동했다. 사진전을 둘러보며 많은 생각이 떠올랐다.

같이 여행했던 라오스의 풍광이 새로웠다.

아프리카는 몸이 안 좋아 따라가지 못해서 더 멋져 보였다.

하나씩 사진 설명을 하는 남편이 자랑스러웠다.

더구나 사진전 판매대금은 라오스, 아프리카 어린이를 돕기 위하여 유니세프에 보낼 것이라고 하였다.

누가 그랬다.

세상의 남편들이 인생을 잘 살았나 하는 것을 가늠하는 잣대는 아내라고 하였다.

아내가 훌륭한 남편이라고 말해준다면 더 이상은 없다고 했다.

오늘 나는 남편에게 최고의 칭찬을 해 주고 싶다.

"당신에게 시집을 잘 왔다"고.

그리고 "나 지금 무진장 행복해요"라고.

방비엥의 어린이들

1월 29일 라오스.

오후 2시 30분 방비엥에서 비엔티안으로 가다가

소금을 만드는 염전에 들렀다.

반끈 마을인데 소금은 라오스어로 끄아라고 하였다.

소금물에서 물을 빼고 정제하여 소금을 만드는 과정이

나란히 이어지고 있었다.

소금 1킬로그램이 500킵이라고 했다.

건장한 남정네와 여인네가 한 쪽씩 메고 소금광주리를 나르고 있었다.

한 광주리가 60킬로그램이라고 하였다.

엄청난 무게를 둘이서 쉴새없이 날라

소금 하역 장소에 갖다 붓고 있었다.

참 대단하였다.

나는 가방에서 볼펜 한 곽을 꺼내 아이들에게 주려고 버스에서 내렸다.
가까이에 있는 아이들에게 나누어 주려는데
삽시간에 아이들이 벌떼처럼 몰려들었다.
들고 있던 내 손을 쥐어뜯으며 빼앗아 가려고 난리를 쳤다.
당황하여 어쩔 줄 모르고 있는데 마침 가까이에 있던 라오스 현지 가
이드 먼(Mun) 씨가 주지 말라는 사인을 보냈다.
아무한테도 주지 않고 먼에게 볼펜다발을 건네주었다.
먼 씨가 줄을 서면 주겠다고 하여도 아이들은 막무가내였다.
위로 치켜든 먼 씨의 손을 잡으려고 겅중겅중 뛰며 매달렸다.
다음엔 어떤 여교수님이 사탕봉지를 꺼내들고 버스 난간에 섰다.
그리고 나누어주려 하니 역시 난리가 났다.
어쩔 줄 모르던 그 분은 그냥 공중에 사탕을 던졌다.
아이들은 엎드려 줍기에 바빴다.
그러나 방법이 안 좋은 것 같았다.
먼 씨가 달려가 제지를 하였다.
같은 동포인 아이들이 엎드려 줍는 모습이 먼씨 눈에 좋을 리 없었다.
역시 남은 사탕봉지를 먼 씨가 받아
아이들을 줄 세운 후 나누어 주었다.

인도네시아 수상가옥에서 만난 아이들,
인도 기차역에서 매달리던 아이들,
방비엥 염전 마당에서 아우성치던 아이들이 함께 오버랩되면서
6·25때 우리도 그랬을까……
마음이 아팠다.

242

사이판 설사

우리 집에서 사이판 설사 하면 모르는 사람이 없다.

그만큼 잊지 못할 사연이 깃들어 있기 때문이다.

몇 년 전 남편과 함께 괌, 사이판 여행을 한 적이 있다.

먼저 괌을 탐사하고 사이판으로 갔다.

바닷가 원주민 마을에서는

점심에 돼지 바베큐로 환영파티를 해주었다.

불에 살짝 그을린 맛이 좋아 잘 먹었다.

그런데 그 날 밤 다른 사람은 다 괜찮은데

남편이 배가 아프다고 하는 거다.

회원들이 가져온 정로환, 수지침 등 좋다는 약과 처방은 다 써보았지만 효과가 없었다.

이튿날은 사이판의 자살절벽, 일본 군인들이 마지막까지 저항한 동굴, 우리나라 전몰군인 위령탑 등 가야 할 곳이 많은데 남편은 밤새 설사로 꼼짝을 하지 못했다.

혼자서 호텔에 남아 있어야 했다.

내가 간호를 하려고 했지만 굳이 다녀오라고 해서 할수없이 일행을 따라나섰다.

하루 종일 마음은 콩밭에 있고 무얼 보았는지 허둥지둥 돌아오니 남편은 퀭하니 호텔에서 주는 죽도 못 먹고 침대에 누워 있었다.

도저히 안 되겠다 싶어 오밤중에 응급실로 달려갔다.

그 때 같이 간 통역관은 TC, 현지 가이드, 그의 필리핀 아내 그리고 그들의 일곱 살 난 아들까지 모두 여섯 명이었다.

의사한테 어디가 어떻게 아프다는 설명을 리얼하게 하기 위해 대동한 것이다.

한밤중에 응급실은 무척 바빴다.

여행 중 응급실에 가 보긴 처음이었다.

머리가 허연 할아버지 의사선생님은 대 부대(?)가 늘어진 환자를 사이에 두고 통역으로 열심히 설명하는 것을 듣고는 진찰을 하더니 친절하게 약을 타가라고 하였다.

섭섭하게도(?) 주사 한 방 놓아주지 않았다.

정확히 팥알의 반쪽 정도 크기의 하얀 알약들을

조그만 병에 담아 주었다.

그런데 딱 한 알을 먹으니 모든 증상이 사라졌다.

신통하기 짝이 없었다.

하도 인상적이라 돌아와서도 그 약병을 한동안 보관했었다.

한 두 달 정도 지났나?

보험금 80불이 집으로 왔다.

거기서는 현금으로 우리가 지불을 했었다.

어디 갈 때마다 여행자보험을 들기만 했는데

처음으로 혜택을 받았다.

와~ 사이판 설사 무서웠다.

그리고 해외에서 아프면 무조건 참지만 말고 응급실에 가야겠다.

해외에 가면 이런 저런 일들이 추억거리가 되어 우리를 즐겁게 한다.

심지어 사이판 설사까지 말이다.

아 유 해피?

인도 북부 아그라에서 오전 7시.

20분 늦게 도착한 특급열차를 탔다.
밀려드는 인도 사람들은 다른 칸으로 가고
우리는 여행자용 차량에 탑승하였다.
제법 깨끗하고 객석도 여유가 많았다.
두 사람씩 진행방향을 향해 의자가 놓여 있었다.
차 칸 양쪽은 누런 군복을 입고 장총을 멘 군인들이 지키고 있었다.
앞쪽에 화장실이 두 군데 있는데 하나는
인디언 스타일, 또 하나는 웨스턴 스타일이라 쓰여 있었다.
인디언 스타일에는 조그만 수도가 바닥 가까이에 있었다.
스쳐 지나가는 끝없는 벌판을 보면서

"여기가 인도라니 꿈만 같다"라고 생각하였다.

오전 11시 잔시에 도착하였다.
버스를 타고 오차 리조트(ORCCHA RESORT)에 가기 위해
30분 동안 평온해 보이는 마을들을 지났다.
마주 오는 차들이 차선을 지키지 않고 중앙으로 돌진하니
운전기사는 멀리서부터 위협 크랙션을 계속 울려댔다.
길에는 중앙선이 없다.
그저 빈 신작로를 요리조리 사람과 동물을 피해 재주껏 다녀야 한다.
알아서 잘 피해주고 피해 가야 한다.
질서는 없어 보이나 버스는 잘 달렸다.
줄줄이 사탕처럼 물건들을 겹겹이 매달아 놓은 구멍가게들, 너와기와
집, 슬라브집, 소똥을 둥그렇게 말아 쌓아놓은 탑(땔감)들이 신기하였
다.
여기 사람들은 자기가 믿는 신을 위해
개인적 사원을 다 갖고 있다고 하였다.
오차의 고성과 힌두사원을 보고 카주라호로 또 달렸다.
3시간쯤 걸려 카주라호에 도착하여
아름다운 오차드 호텔에 여장을 풀었다.

좀 쉬다가 저녁을 들고는 옵션으로 1인당 5불을 내고
민속무용쇼를 감상하였다.
우리나라 농악이나 각설이타령과 비슷하다고 느꼈다.
남자 독무는 쟁반을 돌리며 추는 춤인데

그만 실수로 쟁반을 쨍그렁 하고 떨어트렸다.

그래도 얼른 주워서 다시 춤을 이어 나갔다.

나중에 무척 혼이 날 것 같아서 애처로웠다.

사회자가 춤 소개를 할 때 영국식 발음으로 "무슨무슨 포크 따아~안스" 하던 발음이 재미있었다.

끝나고 전 출연진이 나와 인사를 할 때 우리는 아까 실수를 했던 청년에게 아낌없는 박수를 보내주었다.

한 시간의 공연이 끝나고 맞추어 두었던 릭샤(Rickshaw : 자전거처럼 사람의 힘으로 움직이는 교통수단)를 타고 숙소로 돌아오게 되었다.

밤 10시.

공연장 밖에는 모두 20대의 자전거 릭샤가 대기중이었다.

우리 부부가 탄 릭샤의 운전자는 삐쩍 마른 나이 든 남자였는데 기운도 딸리고 자전거도 오래 되었는지 남들은 쌩쌩 달리는데 자꾸만 뒤처졌다.

어째 뒤에 앉아있는 우리가 미안한 마음이 되었다.

희미한 달빛 아래 동시에 20대의 릭샤가 달리는 광경은 굉장하였다.

그 때 올려다본 밤하늘에는 어쩌면 그렇게 초롱초롱한 별들이 빼곡히 차 있는지 신기할 정도였다.

하늘에 그렇게 별이 많다니…….

릭샤꾼은 연신 뒤를 돌아보며 "유 아 해피?" 한다.

우리가 해피하다니까 자기도 해피하다고 하였다.

조금 달리다 또 "아 유 해피?" 그랬다.

참 희한한 사람이다.

힘들어서 전혀 해피할 것 같지 않은데 연신 아 유 해피다.

10초에 한번씩 "아 유 해피?"라고 물어본다.

"예쓰! 위 아 해피이~"

어쨌거나 우리는 그 날 밤 인도에서 릭샤꾼 덕분에(?)

베리 베리 해피하였다.

신비의 안나푸르나

네팔 포카라에서 새벽 5시. 안나푸르나 트레킹에 나섰다.

조그만 버스를 타고 갈 수 있는 지점까지 올라갔다.

꼬불꼬불 새벽안개를 뚫고 좁은 길을 잘도 운전하였다.

가끔 샤리를 두른 여인네들, 부지런한 네팔 남자들이 지나갔다.

허리가 아픈 한 사람을 버스에 남겨둔 채 우리는 후레시를 든 사람을
필두로 아직 깜깜한 나갈코트(NAGARKOT) 언덕으로 향했다.

이 언덕은 히말라야 전망대로 유명한 해발 2,100미터다.

일출과 함께 랑탕 쥬갈 연봉의 산들, 마나 연봉, 안나푸르나 연봉을
볼 수 있다 한다.

어제 저녁 과음한 몇 사람들은 산행에 힘들어했다.

1시간 반가량 자갈길을 헉헉대며 올라갔다.

드디어 전망대.

거친 숨을 잠깐 돌리니 모두 전망대 위로 오르라고 했다.

곧 해가 뜬다고 하였다.

과연 붉은 하늘이 점점 진해지면서 커다란 해가 떠올랐다.

와~ 그 장관!

말로 할 수 없는 감격의 도가니…….

반대편 설산 봉우리가 떠오르는 해에 비쳐서 그 모습을 조금씩 드러내는 모습은 신비 그 자체였다.

가슴 벅차오르는 감격이 경건하기까지 하다.

찬란한 자연! 이것보다 신비로운 것은 없다.

그래서 히말라야를 숭배하는 인도를 신비의 나라라고 했던가.

정신없이 카메라 셔터를 누른다.

둘씩 셋씩 몰려서 전망대를 돌아간다.

명작을 남기고 싶은 사람들에게는 필름이 모자란다.

찍고, 또 찍고…….

아 아~ 안나푸르나여 영원하라!

모두들 이번 여행은 안나푸르나를 본 것만으로도 본전을 뽑았다고 흡족해하였다.

가이드 말로는 이렇게 깨끗한 일출은 열 번에 한 번 정도나 볼 수 있는데 오늘은 그 한 번에 해당한다며 들떠있는 우리를 부추겼다.

오우! 복도 많아라.

벨리댄스 챔피언

아는 사람들에게 이스탄불에서 받은 벨리댄스 챔피언 메달을 보여준
다면, 모두 설마 하며 나의 말을 믿지 않을 것이다. 왜냐면 나는 춤과
는 무척 거리가 먼 얌전한(?) 사람이기 때문이다.

터키여행 중 마지막 밤이었다.
떠나기 전 아쉽기도 하고 터키에 가면 꼭 벨리댄스를 보고 오라고 어
느 책에서 읽은 기억이 있는지라 우리 일행은 저녁을 먹은 후 오리엔
트 하우스라는 곳에 갔다. 큰 극장식 레스토랑인데, 우리나라 워커힐
쇼 장과 비슷하였다.
입추의 여지 없이 자리가 들어찬 가운데 쇼는 요란한 음악으로 시작
되었다.
속이 비치는 까만 야한 드레스에 빨간 숄을 걸친 무희가 나와 벨리댄

스를 춘다. 새까만 긴 머리에 이목구비가 뚜렷한 얼굴이 아주 예쁘다. 배꼽춤이라 그런지 배는 모두 드러내 놓고 음악에 맞춰 격렬하게 흔든다. 자세히 보니 배꼽이 살아서 움직이는 듯 그 움직임이 절도가 있다. 얼마 후에는 숄을 던져버리고 더욱 뇌쇄적인 춤을 추어댄다. 속으로 저 옷을 다 벗어버릴 작정인가 보다 하고 있었는데 과연 이슬람 국가답게 더 이상 벗지는 않았다.

다음에는 유명한 터키의 남자가수가 등장하여 각 국의 노래를 그 나라말로 불러 주었다. 참석한 사람들 나라의 노래를 무작위로 돌아가며 부르는데 갑자기 "꼬레아" 한다. 우리 일행은 신이 나서 와와 하면서 손을 흔들었다. 맨 처음 '아리랑'을 구성지게 부르며 우리 자리로 마이크를 들고 왔다. 내 친구 남편에게 마이크를 갖다대며 부르라고 하니 점잖으신 분이 흥겹게 아리랑을 열창하신다. 나도 모르게 눈시울이 뜨거워졌다.

그 가수는 두 번째로 유창한 우리말로 패티 김의 「서울의 찬가」를 2절까지 불러 우리를 깜짝 놀래켰다. 어찌나 멋들어지게 불러제키는지 그 곳에 있던 모든 관광객이 손뼉을 치며 박자를 맞췄다. 일행 중 공무원이라는 조신한 여자에게 마이크를 건네주니 선뜻 따라 불렀다. 우리가 누군가? 노래방 체질이 아니던가…….

나중에는 모두 목이 터져라 서울의 찬가를 합창하였다. 그 노래가 그렇게 신명나고 열정적인지 불러보고야 알았다. 나이 든 터키 가수! 누구에게 배웠는지 "서울에서 살렵니다"를 "서우울에에서 사아알랍니다아" 한다. 배꼽이 빠지도록 웃고 또 불렀다.

잠시 후 사회자는 각 나라별로 여성 한 명씩 나오라고 하였다. 벨리댄스 경연대회를 한다는 것이다. 꼬레아도 빨리 나오라고 성화가 대단하다. 모두들 빼고 서로 미루다가 한국의 체면을 세워야 한다며 나를 밀어내었다. 얼떨결에 떠밀려 나간 나는 걱정이 태산 같았다. 무대에 서서 보니 빼곡하게 들어찬 세계 여러 나라 사람들이 호기심어린 눈으로 주시하고 있었다. 스위스, 독일, 그리스, 수단, 일본, 영국, 네덜란드, 러시아 등의 할머니, 아줌마, 아가씨들이 올라왔다. 모두 9명이었다. 사회자는 2분간 벨리댄스를 가르쳐줄 터이니 따라하고 그 후에는 혼자씩 춤을 추어야 한다고 하였다. 정신을 바싹 차리고 따라 하였다. 무조건 흔들기만 하는 것도 아니고 발 스텝도 맞추고 손도 흔들어야 했다. 다음은 서 있는 순서대로 한 나라씩 지명을 하였다. 입이 마르고 땀이 바작바작 났다. 러시아대표는 실제로 배꼽티를 입은 날씬한 아가씨였는데 춤 선생처럼 끝내주게 잘 추었다.

드디어 "꼬레아" 하면서 요란한 음악이 꽈과쫭 울려나왔다. 앞으로 나가 꼬레아의 명예를 걸고 손은 위로 흔들고 배는 옆으로 돌리고 발은 앞으로 갔다 뒤로……. 박수가 터져나왔다. 후유~ 내 정신이 아니었다. 오로지 애국심(?)을 발휘하여 생전 처음 대중 앞에서 춤이라는 걸 추었다. 내 친구는 내가 어떻게 춤을 출까 싶어서 식은땀을 흘리고 있었다고 하였다.

두 사람, 자기 마음대로 빙빙 돌며 벨리댄스를 춘 수단 아줌마와 수줍게 흉내만 내던 일본 아가씨는 탈락되었다. 그리고 몇 가지 질문 테스트를 거친 후 사회자는 우리 모두에게 챔피언 금메달을 걸어주었다. 우레와 같은 박수를 받으며 무대를 내려오니 무엇보다 남편이 제일 놀라고 기뻐해 주었다.

가이드 역시 한국인으로서 세 달 만에 나온 경사라며 축하해 주었다.

오클랜드에서 만난 얼 모르간

뉴질랜드 북섬의 오클랜드에서 만난 버스 운전기사.

그녀의 이름은 얼 모르간.

2박3일 동안 우리를 안전하게 이동시켜 주었다.

이혼녀이며 두 아들을 두었다고 하였다.

아프리카 짐바브웨에서 출생하였으며 20년 전 이리로 왔는데,

지금은 62세의 보이프렌드가 있다고 자랑하였다.

눈이 크고, 키도 후리후리한데다 얼굴도 예뻤다.

내가 몇 가지 질문을 해도 되냐니까

"How old am I?" 하면서 깔깔대었다.

왜 그렇게 생각하냐고 하니,

한국인들은 제일 먼저 몇 살이냐고 묻는다고 하였다.

그러면서 자진하여 42세이라고 하였다.

나는 몇 살로 보이냐니까 37 혹은 35? 하였다.

우와~그렇게 젊게 보이다니,

나는 그녀에게 뭐든지 해주고 싶었다.

하도 고마워서…….

매니큐어를 예술적으로 칠하였기에 칭찬을 해주며 손을 만져보았다.

마흔 살 여인의 손 치고는 엄청나게 굳은살이 박히고 거칠었다.

엄지손톱은 부러졌다면서 네 손가락만 내 밀었다.

이동하는 사흘 내내 그 무거운 여행가방들을

짐칸에 싣고 내리는 일을 척척하였다.

남녀의 하는 일이 구분 없이 참으로 열심히 살고 있음을 보여주었다.

헤어진 지 한참이 지났건만 그녀가 또 보고 싶어진다.

비행기를 놓치고

외국에 나가서 비행기를 놓쳐본 사람은 그 황당함을 알리라.

여행을 좋아하는지라 참 많은 곳을 다녀보았지만 비행기 때문에 차질을 빚은 일은 딱 한 번 독일에서였다.

동유럽 여행의 마지막 날 저녁이었다.

계획은 베를린에서 비행기를 타고 프랑크푸르트에 내린 다음 대한항공으로 갈아타서 한국으로 가는 걸로 되어 있었다.

그런데 문제가 발생하였다.

모든 일정을 마치고 베를린 공항에서 대기하고 있는데 악천후로 비행기가 뜨지 않는다는 방송이 흘러나왔다. 이슥 TC와 현지가이드는 이리저리 뛰면서 상황을 파악하느라 분주하였다. 한참 후 우리를 모아놓고 승객의 안전을 위해 비행기 이륙이 금지되었으니 이해해 달라고 하였다.

이 때부터 난리가 났었다.

다음 비행기 탈 사람들을 연결시켜주지 않으면 어떡하냐고 펄펄뛰는 사람, 일을 그따위로 하느냐며 가이드에게 종주먹을 대는 사람, 다음 비행기를 타고 돌아가지 않으면 밥줄이 끊긴다는 사람, 우리 일행이 27명이니 프랑크푸르트 공항에 전화를 걸어서 대한항공을 딜레이 시키라는 사람, 다음 비행기라도 타야 하니까 여기서 계속 죽치고 있어야 한다, 비상사태를 위한 회장을 뽑아야 된다는 둥. 참으로 와글와글 난장판이었다.

위기상황에서는 배운 사람이나 안 배운 사람이나 나이가 많거나 어리거나를 불문하고 자기 주장이 다 옳았다.

우여곡절 끝에 우선 밤이 늦고 이미 대한항공을 타기는 글렀으니 공항 측에서 안내하는 가까운 호텔로 가기로 하였다. 10인용 밴으로 우리를 실어나르는데 그냥 한꺼번에 14명씩 서서라도 가면 좋을 텐데 독일인들은 철저하였다. 갔다 왔다 30분이 걸리는데 정확히 10명씩 1시간 반에 걸쳐 수송을 하는 작전이 진행되었다. 맨 나중에 호텔에 도착하니 밤 12시가 넘었는데 저녁들을 먹고 있었다.

오밤중에 들이닥친 동양 사람들이 열이 올라 떠들며 식사를 하는 동안 호텔 종업원들은 눈이 똥그래져 시중에 여념이 없었다.

다음 날 날씨는 얄미울 정도로 쾌청하였다.

우리는 무사히 프랑크푸르트에 도착하였다.

우선 무거운 짐들을 서울로 부친 후 일단 비행기 타는 게이트 앞으로 모두 들어갔다.

밤 10시 50분 비행기였다.

그러나 문제는 우리 모두가 대기자로 올라 있어 오늘밤 비행기에 빈 자리가 나는 대로 타야 한다는 것이었다. 누가 먼저 서울로 가느냐가 초미의 관심사였다. 누구나 어렵사리 시간을 내어 왔기에 모두들 서로 먼저 가고자 하였다. 의견을 모은 결과, 몸이 편찮으신 노인 내외분, 오늘 안 가면 아르바이트자리를 놓친다며 울먹이는 대학생, 프라하에서 혼자 돌아다니다 우리를 1시간이나 버스에서 기다리게 하였던 산통장이 아줌마를 최우선순위로 하고 나머지는 제비를 뽑기로 하였다.

그 날 밤 떠날 수 있었던 사람은 27명 중 18명.

4명은 정해졌으니 14명이 더 갈 수가 있었다.

번호 하나에 두 명씩 부부가 동행하는 거라 7번까지 갈 수가 있었다.

가이드가 내민 모자 속에 든 번호가 적힌 종이를 뽑는데 손이 벌벌 떨렸다. 하필 옆에 있는 날 보고 제일 먼저 뽑으라고 해서 골랐는데 불행하게도(?) 8번을 뽑았다.

우리 부부는 자연히 남게 되었다.

짐도 없이 소지품 가방만 달랑 메고 우리는

운이 없었던 나머지 6명과 TC와 함께 독일 경찰의 호위를 받으며 불 꺼진 공항을 나왔다.

스탠바이 신세로 언제 서울로 갈지 불안한 가운데 택시에 나누어 타고 근교에 있는 막스 호텔로 갔다.

다음 날 프랑크푸르트에서 자유여행을 한 후 비행기를 탔는데 이코노

미 좌석이 없다고 비즈니스 석을 주어 뜻하지 않은 행운을 누렸다. 이 때의 기분을 누가 알랴? 전화위복이란 이런 걸 두고 하는 말인지 체험으로 알게 되었다.

지리학박사

내가 박사학위를 가지고 있다고 하면
언제 땄느냐고 물을 사람이 많을 것이다.
정확히 1999년이니 벌써 오래 되었다.

5년 전 졸업식에서 큰 아들이 공학 박사학위를 받았다.
며느리에게 나도 지리학 박사학위가 있는데
알고 있느냐고 물으니 처음 듣는다고 하였다.
허긴 말을 해준 적이 없으니까.

사실인즉슨,

포르투갈에 여행을 한 적이 있다.

유럽의 서쪽 대륙 끝이 되는 '까보다로까' 라는 곳이다.

거기서 배를 타면 뉴욕에 3시간이면 닿는다고 하였다.

제일 끝 점이라는 곳에 내 키보다 훨씬 큰 표석이 서 있었다.

마르코 폴로가 배를 타고 세계를 정복하러 떠나던 항구도 있었다.

여기저기 유적을 답사하고 검푸른 대서양 바다를 원 없이 보았다.

그런데 한 쪽으로 가니 관광안내소가 있었다.

거기서 박사학위를 준다는 안내판을 발견하였다.

실내로 들어가니 "지리적으로 멀고 먼 코리아에서 서반구의 제일 끝까지 오느라고 시간, 노력, 비용 등을 엄청 소비했으니 원하면 지리학 박사학위를 주겠다."고 하였다.

나는 얼른 신청을 하였다.

남편도 오기 힘든 길 왔으니 자기도 받겠다고 하였다.

포르투갈어로 정성껏 학위기를 써주었다.

붓글씨로 쓰느라고 시간이 아주 오래 걸렸다.

멋들어진 사인에 리본도 붙이고 그럴 듯하였다.

마악 받으려는 순간!!

4달러를 내라고 하였다.

하드커버로 하는 경우에는 5달러라고 하였다.

그래서 받았다.

자랑스레 한동안 거실에 걸어두었다.

주변에 포르투갈어를 아는 이가 없으니 걱정할 일도 없었다.
어렵사리 멀리 포르투갈까지 가서 받은
나의 넌센스 지리학 박사학위는 영원히 빛날 것이다.

잉카마을에서

몇 년 전 다녀온 남미여행 사진을 보다가 페루 생각이 떠올랐다.
파노라마처럼 이어지는 추억의 한 페이지는……

7월 17일 우르밤바에서 출발하여 9시 20분 기차를 탔다.
우르밤바는 인구 3만의 전원도시.
농사로 옥수수, 감자를 재배하고
우르밤바에서는 옥수수를 일본에 수출한다고 하였다.

지나는 길가의 산들에는 나무가 없었다.

1시간 40분 걸려 아구아깔렌떼 역에 도착하니

버스가 기다리고 있었다.

버스를 타고 가는 도중의 길가 산에

석축을 쌓고 묻은 무덤들이 여러 기 보였다.

가파르고 저 높은 곳에 어떻게 무덤을 만들었는지 신기하였다.

지나는 집들 중에는 지붕 위에 십자가오- 병 둘이 올려져 있었다.

병은 잉카 사람이 숭상하던 표시로 병 하나에는 성수를,

다른 병에는 옥수수 물을 담아 올려놓았다고 하였다.

곡식 중에는 옥수수만이 사람처럼 수염이 나서

신성시한다고도 하였다.

페루와 볼리비아 사이에는 제일 높은 ㅌ 티카카 호수가 있는데

이번에 볼 수 없어 안타까웠다.

한참을 달리다가 잉카인들이 옛날 방식 그대로

사는 곳이 있다고 하여 들렀다.

좁은 골목길로 버스가 아슬아슬 잘도 지나갔다.

버스의 양쪽 사이드 미러가 양쪽 집 담 벽에 닿을 듯하였다.

땅에는 직경 10센티미터 정도로 파인 수로가 길게 이어져 있었다.

어느 한 집에 들어갔는데 한쪽은 기념품을 파는 탁자가 있고

고물고물거리는 햄스터 수십 마리가 왔다갔다 하였다.

기념품은 주로 손으로 짠 공예품, 십자수가 놓인 가리개,

화려한 무늬의 카펫 류 등이었다.

벽에는 두개골이 두 개씩 창문처럼 생긴 곳에 얹혀 있는데

꽃이 바쳐져 있었다.
그들의 조상신이며 자기들을 지켜준다고 믿고
같이 살고 있다고 하였다.
오래된 까만 해골이 아기 머리같이 아주 작았다.
그 밑에는 제단이 있는데 갖은 제물이 차려 있었다.
바닥 한쪽 화덕에는 옥수수를 넣은
큰 냄비와 주전자를 얹어놓고 끓이고 있었다.
구수한 냄새와 함께 하얀 김이 폭폭 올라오는데
미술가 교수님은 어느새 공책에 스케치를 하고 계셨다.

그 옆집에도 역시 해골조상을 모시고 있고,
더 많은 햄스터들이 바글거렸다.
집안은 햄스터들이 돌아다니지 못하도록
벽돌 몇 장으로 막아 놓았다.
자그마한 잉카인 아저씨는 콩을 까고 있고,
저쪽 끝 침대에서는 아이가 놀고 있었다.
나무침대는 벽 쪽으로 붙여놓았는데 헝겊 깔개가 덮여 있었다.
천정에는 옥수수가 죽 매달려 있었다.
침실, 부엌, 가축 우리, 건조실, 작업장 등
한꺼번에 모든 일이 같은 공간에서 이루어지고 있었다.

앞마당 빨랫줄에는 빼곡하게 빨래가 널렸다.
개 한 마리가 어슬렁거리는데 동양 사람에게는 전혀 관심이 없었다.
지붕은 볏짚 같은 초가집이었다.

266

저 멀리 산에는 네모난 돌들이 질서정연하게 박혀 있는데
음식저장소라 하였다.
가이드가 내미는 삶은 옥수수가 탐스러웠다.
알이 굵고 노란 것이 맛있었다.
옥수수 알이 대추만(?)한 것이, 두세 알 떼어 입에 넣으니 꽉 찼다.
여기서 페루 옥수수를 맛보지 않으면 평생 후회할 거라고 하더니
과연 그랬다.
공원에는 많은 잉카인들이 삼삼오오 한가롭게 앉아
담소를 나누고 있었다.
다른 쪽에는 시장이 있는데 상인들이 모두 여자다.
잉카인 특유의 챙 있는 모자를 쓰고, 치마는 넓고 짧으며,
머리는 땋아내린 사람이 많았다.
바나나, 양파, 마늘, 감자 등 색색의 채소며 과일들이 풍성하였다.
구경하는 우리를 보고 페루 여인이
웃으며 뭐라고 하면서 채소를 흔들었다.
마주 웃어주니 자기도 우스운지 옆의 다낙을 보며 깔깔대었다.
아~ 웃음소리는 잉카의 여인들도 똑같았다.

다른 쪽에는 국밥을 사 먹을 수 있는 간이 노천식당이 있어
무얼 먹는 사람들도 있었다.
국솥에는 뭔가 설설 끓고 있었다.
고기간도 있는데 소머리를 통째로 벽에 걸어놓았다.
피가 흐르고 살벌하였다.
큰 칼로 내리쳐서 고기를 잘라 팔고 있었다.

공원에는 청춘남녀가 다정하게 앉아 있는데 예뻐 보였다.

얼굴표정이 수줍고 착해 보이는데 우수가 깃들었다.

어떤 엄마는 어린아이를 등에 천으로 둘러메어 앞으로 묶었다.

가슴에 양을 둘러 안아 멘 여인도 있었다.

잉카의 여인들은 아이를 절대로 버리지 않는다고 하여 감동하였다.

다시 만나고 싶은 잉카의 여인들!

까무잡잡한 피부에 큰 눈, 그리고 선량한 얼굴이

바로 눈앞에 있는 듯하다.

이과수 폭포

1월1일자 신문은 세계 경제의 신흥대국으로 브라질, 러시아, 인도, 중국을 꼽았다. 그 중 브라질의 룰라 대통령은 축구의 신동 마라도나가 입었던 축구유니폼을 입고 볼을 차는 모습이 크게 실렸다.

룰라 대통령의 전설 같은 이야기를 들었던 브라질!

4년 전 여름에 여행을 하였던 곳이다.

무엇보다 말로만 듣던 이과수 폭포를 본 것은 두고두고 잊을 수 없다.

거기서 어떤 일이 있었던가?

이과수는 원주민 언어로 "큰 물"이라는 뜻.

어마어마한 양의 물이 이과수를 흐른다.

이과수는 1916년에 발견되어 개인 소유였던 것이 1917년 주립공원으로 바뀌고, 1939년에 국립공원으로 지정되었다.

폭포가 275개인데 아르헨티나에 271개가 있다. 브라질의 폭포 길이는 2.7킬로미터, 낙차는 40~82미터다. 자연 그대로이며 물이 많을 때는 웅장하고 적을 때는 아름답다. 폭포 위는 강물로 되어 있어 상류에 따라 물의 양이 변한다.

45분간 폭포를 보며 1킬로미터를 걸었다. 장엄한 폭포 위에 뜬 무지개. 특히 쌍무지개가 그 화려함을 더해 주었다. 미국의 나이아가라와는 비교가 되지 않았다. "와" 하는 함성 외에는 달리 할 말이 없었다. 전 세계 사람들이 각 나라 가이드의 설명을 들으며 경탄을 금치 못한다. 폭포 밑에서 물을 맞아가며 카메라와 캠코더가 젖는 것도 모르고 찍히고 또 찍었다.

왜 이 순간 감사한 마음이 샘솟는지 나도 모르게 코끝이 찡하였다.

이과수 정글은 총면적이 24만 헥타르로 여의도광장의 630배다. 1942년 스페인 사람이 발견하였다.

지붕 없는 무공해차를 타고 들어가며 물나무, 살목나무, 인디언들이 비누로 이용하던 원숭이 귀 같은 열매에 대한 설명을 듣고, 신기한 나무들도 보았다.

문제는 지금부터다.

폭포 밑으로 배를 타고 나가 폭포를 몸으로 맞아보는 데 이게 옵션관광이다. 배는 20명이 타는 조그만 모터 배다.

강가로 내려가 비옷을 사입고 안전조끼를 위에 걸치고 배를 탔다. 내 자리는 앞에서 셋째 줄 가상이었다.

이과수 폭포 밑으로 물을 맞으러 배가 떠났다.

역시 아름다운 무지개가 다가갈수록 더욱 선명하였다.

가까이 갈수록 쏟아지는 물세례가 대단하였다.

배가 폭포 밑으로 들어갔다 나왔다 하며 요동이 엄청 심했다. 소리를 지르고 좋다며 난리다. 해병대 출신이 배를 운전하는데 묘기를 부리며 이리저리 배를 굴려 스릴을 맛보게 하였다. 떨어지는 폭포에 온 몸이 젖는 줄도 모르고 어떤 여자회원은 "원스 모어"를 외쳐댄다. 그에 맞추어 해병대 아저씨는 배를 이리저리 굴리고, 까불고 사람들이 비명을 질러대는 걸 즐기는 듯하였다.

그런데 불행하게도 이런 묘미를 맛보지도 못하고 나는 서서히 멀미가 심해져 늘어지고 있었다. 뱃전으로 머리를 처박고 점점 심해지는 멀미에 그저 죽을 지경이었다. 배 멀미는 해본 사람만이 알 것이다.

그 와중에도 신난다고 소리소리 질러대는 남편의 목소리가 들려왔다.

남편은 뱃머리에 타고 있었다.

아유~ 저 사람을 그냥~ 으윽~ 아이구 나 죽네…….

어찌어찌 강둑으로 올라왔는데 나는 초죽음이 되었다.

젊은 브라질 의사가 달려와 약을 먹이고 주무르고 야단이다.

남들은 젖은 옷을 갈아입고 꽃단장을 하는데 나는 늘어져서 벤치에 누웠다. 한참 후에도 흠뻑 젖은 옷도 못 갈아입고 강가에 철푸덕 주저앉아 정신을 차리기 어려웠다. 나를 가엾이 여기는 눈초리들이 의식되었지만 아랑곳 할 새가 없었다. TC는 나처럼 멀미가 심한 사람도 드물다고 하였다.

그 와중에도 내 점퍼주머니에는 물에 젖을까봐 비닐에 싸고 또 싼 캠코더가 박살나지 않은 채 그대로 있었다.

귀밑에 붙여놓은 멀미 방지용 키미테는 언제 없어졌는지……?

이과수 폭포의 웅장함과 엄청난 굉음 그리고 무지개.

다시는 그 배를 타고 싶지 않지만 결코 이과수 폭포는 잊을 수 없다.

청첩장

연필화를 배운 지 어느새 1년이 넘었다.
요 근래는 배우나 유명 인사를 그리는 일이 진력이 나서
손녀도 그리고 남편 얼굴도 그려보았다.
같이 배우는 학생들이 나 보고 용감하다고 그랬다.
자기들은 엄두가 나질 않아 아직 시도를 못한다며…….

둘째 아들의 결혼을 준비하던 중이었다.
10월 어느 날 아들과 며느리의 사진을 남편이 찍어주었는데
그 사진을 보는 순간 한 번 그려볼까 하는 생각이 들었다.
너무나 사랑스럽고 보기가 좋았기 때문이다.
하나하나 그리다보니 그 얼굴들에 따뜻한 정이 들어감을 느꼈다.
그러다 이 그림을 청첩장에 올릴까 하였다.

훌륭한 미술가들도 하지 않는 일을
하룻강아지 범 무서운 줄(?) 모르고 감행하였다.
막상 청첩장으로 나오고 보니 더 잘 그렸더라면 하는 마음도 든다.
그래도 무엇보다 당사자들이 좋아하니 더 이상의 기쁨이 없다.
변함없는 그림처럼 둘이서 항상 웃으며
사랑하는 모습을 볼 수 있기를 기원한다.
아들의 결혼을 진심으로 축하하며 지켜봐주신
모든 분들께 감사를 올린다.

소나무

연필화 사부님은 노력하면 된다고 말씀하셨다.

그 평범한 진리는 배우는 내내 나에게 힘을 주었다.

맨 처음 연필화를 시작할 때가 떠오른다.

내가 연필화에 매력을 느낀 것은

프랑스 몽마르트 언덕에서 초상화 그리는 작가들을 만났을 때였다.

수많은 화가들이 이젤을 놓고 앉아 손님을 기다렸다.

꽤 많은 돈을 주고 초상화 모델이 된 동료가 있었다.

다 그려진 작품을 보았을 때 우리는 배꼽을 잡고 웃었다.

꼭 육이오 때의 전쟁고아처럼 그려져 있었기 때문이다.

또 한 번은 브라질에 갔을 때다.

홍대 미대 교수님이 한 분 계셨는데

우리가 선인장 꽃을 열심히 찍고 있을 때 그 분은 작은 노트에 스케치를 하셨다.
이동 중 버스에서도 연필로 뭔가 그리고 계셨다.
하루는 앞에서 설명을 하고 있는 가이드 얼굴이라며 보여주셨는데
놀랬다!! 똑같았다.
나도 그리고 싶었다.

몇 년 후 문화원강좌 중에서 「최신트렌드 연필인물화」를 보게 되었다.
그림에 소질이 없어도 된다고 했다.
가만히 생각해 보니 그림을 못 그려도 되고 연필만 있으면 된다니
돈도 별로 들지 않을 것 같아 당장 등록을 하였다.
첫 수업 후 문방구에 가서 1장이 200g인 8절 스케치북과
잠자리 표 4B연필 6개, 지우개 5개, 연필 깎는 칼을 샀다.
잘 될라나? 하는 마음과 새로운 공부를 한다는 설레임에
가슴이 두근거렸다.

인물화만 그리다가 이번에는 풍경을 처음으로 그려 보았다.
그리는 내내 들판을 지나 꼬불꼬불 산길 따라 올라가면
정다운 고향이 기다릴 것 같은 느낌이 들었다.
마음의 고향을 떠올리며
소나무, 들판, 가까운 산, 먼 산, 구름을 그렸다.
그냥 그리는 게 좋아서 시간 가는 줄 모르고 그렸다.

그 남자의 헝클어진 머리

오지호!

그 남자의 헝클어진 머리가 내 마음을 심란하게 하였다.

맨 처음 사진을 보았을 때

저 복잡한 머리를 어떻게 그릴까 걱정이 앞섰다.

그런데 선생님이 한 번 그려 보라고 하셔서 썩 내키지는 않았지만

별다른 샘플도 없고 하여 그리기 시작하였다.

그리다보니 얼굴이 잘 빚어 놓은 조각처럼 절도와 각선미가 있었다.

먼저 눈, 코 입 순서로 그리고

얼굴 바탕을 손질한 다음 머리로 올라갔다.

근데 이리저리 빗어 넘긴 가닥들이 사방으로 제 맘대로다.

곱게 빗어내렸다면 그리기 쉬웠을 텐데.

무스를 발랐나? 파머를 했나?

신경을 쓰며 그대로 표현하려고 했다.

목으로 내려오니 남성을 상징하는 복숭아(?)의 명암이 어려웠다.

남자들은 왜 거기가 그렇게 튀어나왔는지……

그러다가 갑자기

"잘 생긴 남자의 얼굴을 원도 없이 뜯어보고 또 볼 수 있으니

이 또한 기쁨이 아니더냐……?" 하는 생각이 들어 웃음이 났다.

그림 그린다는데 누가 뭐라 할 이도 없을 테구. ㅎㅎㅎ

사실 오지호라는 이름도 모르고 그렸는데 나중에 알게 되었다.

헝클어진 머리 땜에 처음엔 열받았지만 다 그리고 나니

리얼한 느낌이 들어 그림이 살아나는 것 같았다.

와~ 또 하나 그렸다.

2006. 5
최 준옥

파스텔 인물화 김예빈

파스텔로 손녀를 그려보았다.
금방 무슨 이야기를 할 것 같은 얼굴이다.
예빈아~ 네 얼굴 맘에 드니?

할머니가 되고 보니 손녀가 내게 주는 기쁨이
얼마나 큰지 알게 되었다.
이젠 말도 잘 하고 제법 의사 표현도 자유롭다.
가끔 깜짝 놀랄 말도 잘 한다.
언제 이렇게 컸을까 싶다.

안 보면 보고 싶고, 보면 반갑고, 빠이빠이 하고 가면 그것도 반갑다.
ㅎㅎㅎ

언니와 형부

오랜만에 형부의 생신을 축하하러 갔다.

두 분의 모습이 하도 다정하고 보기 좋아 모노톤으로 그려보았다.

그리면서 많은 생각이 오갔다.

나는 대학 4년을 대구 언니네서 다녔다.

형부는 교사였고 언니는 집에서 피아노를 가르치던 시절이었다.

어려운 형편에서도 4년 내내 잘 거둬주셨다.

덕분에 나도 교사가 되어 직장생활을 할 수 있었다.

언제나 앞서가는 언니의 삶을 보면서

존경심과 함께 많은 것을 배우고 있다.

인생에 대한 자신감, 적극성,

그리고 이웃과 동생들에 대한 아낌없는 돌보심,

형부에 대한 헌신적인 사랑,
무엇하나 버릴 데가 없다.

고마운 마음은 나이가 들수록 더해진다.
특히 그림을 그리며 두 분의 따뜻한 배려에 감사한 마음이 들었다.
무엇보다 언니와 형부가 항상 건강하고 사랑이 넘치시길 기대한다.
그림처럼······.

기네스 펠트로

몇 년 전 기네스 펠트로에 관심을 가지게 된 것은

영어를 배울 때였다.

「셰익스피어 인 러브」인가 하는 영화를 영어교재로 썼기 때문이다.

입도 큰 여인이 어찌나 말을 빨리 하는지 공부시간마다 나를 열 받게

하였다.

도무지 알아들을 수가 없었다.

눈치로 때려잡는 것도(?) 너무 빨라서 힘들었다.

나중에 선생님께서 어느 배우가 좋으냐고 하셨다.
내가 기네스 펠트로가 밉다고 하였더니 왜냐고 물으셨다.
"입도 크고 말을 너무 빨리 해서 그렇다."고 했다.
그러자 반 전체가 웃음바다가 되었다.

그런데 하필 그 여인을 색연필로 그리게 되었다.
우선 명암이 뚜렷하고 이목구비가 선명하여 선택하게 되었다.
금발도 근사하다. 매력적이고 예쁘다.
그리다보니 점점 괜찮아 보였다.
특히 입을 꽈악 다물고 나만 쳐다보니까.
무엇보다 연필화 선생님이 잘 그렸다고 하셔서
기분 좋게 끝내게 되었다.

케냐의 시골 길

가 보지도 않은 아프리카 케냐의 시골 길을 그렸다.
남편이 찍어온 그 풍광을 보는 순간
그려야겠다는 생각이 들었기 때문이다.

아무도 없는 그 길이 많은 상상을 불러일으켰다.
아이를 업은 채 물동이를 이고 가는 여인,
긴 지팡이를 가지고 맨발로 걸어가는 마사이족,
조잘대는 아이들,
달려가는 초원의 동물들,
길 한쪽에서 사진을 찍는 그 사람까지.

우거진 나무숲이 끝없이 이어진 그 길 따라

천천히 걷듯이 그려 나갔다.
죽 뻗은 황톳길을 진하게 시작하여 흐리게 마무리하고
나무의 짙푸른 잎사귀들을 색연필로 힘 있게 칠해 나갔다.
아름드리 나무의 질감은 표현하기가 좀 어려웠다.
그 담엔 벌판과 하늘을 그렸다.

그리는 도중에 선생님께서 아주 귀한 말씀을 해주셨다.
숲을 전체로 보고 그려야지 부분 부분을 세밀하게 그리다 보면
전체가 죽는다고.
때때로 인생에서도 같은 걸 경험하지만
나는 그림을 그릴 때 잘 그런다.
코끼리 다리만 본다든지,
숲은 보지 않고 나무만 본다든지 하는 우를 범한다.
너무 자세히 그리다 보면 그런 실수를 한다.
가끔 그리던 그림을 들어 멀리 보고 수정을 한다.
그러면 보이지 않던 곳이 보인다.
그리는 동안 행복하였다.
아름다운 시골 길 따라 좋은 생각을 하였다.
언젠가 어느 여행자가 이야기했다.
피부색이 진할수록 선량하고 낙천적이라고.
케냐의 이 길을 걷는 사람들도 역시 그러하리라 짐작이 되었다.

르누아르 따라하기

'반 고흐에서 피카소까지'라는 전시회가 예술의 전당 한가람미술관에서 열렸다. 지난 1월 어느 날 모처럼 시간을 내어 남편과 함께 그 미술관에 들렀다.

10시쯤 도착했는데 11시 개관이라고 ㅎ여 하릴없이 빙빙 돌다가 들어 갔다. 원래 미술에 대해서, 특히 유명 화가에 대해서는 문외한인지라 감상하는 그 자체를 즐기는 편이다.

우리는 밀려드는 관람객들 뒤에 서 있다가 거꾸로 돌기로 하고 맨 안쪽으로 갔다. 과연 사람도 없고 조용하였다.

세잔, 로댕, 피카소, 바실리 칸딘스키, 반 고흐, 르누아르 등 세계 유명 화가의 그림과 조각품이 전시되어 있었다.

피카소의 작품 앞에 섰을 때 갑자기 남편은 "여보, 피카소가 유명한 사람인가요?" 하였다.

나는 질겁을 하며 "아니 당신? (미쳤수?)" 하며 쳐다보니 남편은 그냥 흐흐 웃기만 하였다.

옆에 있던 어떤 청년이 흘깃 쳐다보며 또 웃었다.

(어이구~ 창피해. 말을 안 하면 중간이나 갈 텐데……)

로댕의 생각하는 조각상 앞에서 또 남편은 "이 사람이 무슨 생각하는지 알아요?" 한다.

(웃기려고 작정을 하였구만~~)

지금 생각나는 건 르누아르가 말했다는 "그림이란 즐겁고 유쾌한 것이어야 한다."다.

그의 말대로 우리의 그림 감상은 유쾌하고 즐거웠다.

그 날 사온 몇 장의 그림엽서를 보다가 르누아르의 그림 「로맨라코 양의 초상화」를 색연필로 그려보고 싶었다.

그림재료가 다르니 자연 표현하기가 쉽지 않았다.

엉뚱한 그림 그리기를 좋아하는 내 취미(?)를 아시기에 선생님은 그냥 "한 번 그려 보세요." 하셨다.

한동안 아름다운 소녀를 그리기 시작하였다.

다 그렸다고 하니 선생님은 몇 군데 더 손질을 해야 하니 알아서 하라
고 하셨다.

그러나 그냥 끝내 버렸다.

2007. 3
최 교육

내 품에서 바로 떠나야 하는 운명

지금까지 가족 말고 그려준 첫 번째 사람이다.

시골에서 알게 된 순박 그 자체인 분인데,

'사과나무'라는 보리비빔밥과 돈가스를 잘 하는 식당을 운영하신다.

가끔 들르면 따뜻하게 맞아주고

무엇이든 주고 싶어하는 착한(?) 도예가시다.

흙집으로 지은 집에는 온갖 형태의 도자기와

사모님이 지으신 시가 곳곳에 붙어 있다.

한 마디로 예술가 부부다.

언젠가 한 번은 밥을 먹다가 '참 깍두기가 맛이 있다.'고 하니

바로 깍두기를 싸주신다고 해서 놀랐다.

그 다음부턴 맛있다는 소리도 못하고 맛있게 먹곤 한다.

어느 날 남편이 그 분의 이야기하는 모습을 사진에 담았다.
그래서 한 번 그려보자 하였다.
좀 부끄럽기는 하지만 무언가 내가 할 수 있는 걸 드리고 싶었다.
황토 집에 어울리는 색으로 단순하게 그리자는 마음을 갖고 그렸다.
마무리를 하고 액자에 넣은 후 포장을 하려니 섭섭하였다.
내 품에서 바로 떠나야 하는 운명의 그림이기에 그러하였다.

우리 집에는 오래된 물건들이 많다.
시집올 때 가져온 장롱부터 화장대, 책장, 들통, 냄비 등.
친숙한 것을 떼어보내기가 쉽지 않은 게 나의 최대 단점이다.
하물며 어제 막 완성한 그림임에야.
그러나 곧 그 분에게 전달하려 한다.
좋아하시기나 해야 하는데 걱정이다.
남을 그려준다는 것이 그래서 어려운가 보다.
부디 잘 가서 사랑받기를 바라며 안녕.

젊은 할아버지와 손녀

가끔 사진을 보다보면 그리고 싶은 모습이 있다.

바로 손녀를 안고 있는 할아버지의 사진이다.

그것도 남이 아닌 우리 손녀에 내 남편이고 보면 정이 갈 수 밖에.

한 번 멋있게 그려보자 하고 시작했다.

처음에는 가능하면 똑같이 그리려고 했다.

손녀는 그런대로 다른 생각 없이 보이는 대로 그렸다.

그런데 옆에 있는 할아버지는 그렇게 되지를 않았다.

어떤 날은 흰머리가 너무 많은 것 같아 약간 감해 주었다.

며칠 후엔 남편의 말 한마디가 고마워 점을 몇 개 빼 주었다.

게다가 더 예쁜 날은 주름까지 살짝 빼주었다.

그리는 내 마음 따라 색 연필화는 조금씩

사실과 다르게 그려지고 있었다.

사진과 완성본을 수업시간에 가지고 갔을 따 선생님께서는

"하아~ 사부님께서 무척 좋아 하시겠습니다." 하셨다.

이유인즉, 할아버지가 엄청 젊어지셔서 그렇다고……

그래도 기분은 좋았다.

내 남편이 나의 손에 의해 마음껏 젊음을 빛내고 있으니 말이다.

집에 와 저녁에 남편에게 자랑스레 그림을 보였다.

남편 왈,

"아니, 저 사람이 나란 말이야? 해도 너무 했네~~" 하는 게 아닌가?

얼마나 고심을 해가며 그렸는데 어째 반응이?

잘 보이려다 이리저리 깨지기만 한 그림이다. ㅎㅎㅎ

금낭화

금낭화는 사랑의 꽃이다.

이번에 그리면서 알았다.

그 전에는 한 줄기에 조롱조롱 달린 꽃이 마냥 예쁘기만 했다.

그러나 하나하나 정밀하게 색을 칠하다보니

꽃 하나에 하트가 몇 개씩이나 있었다.

꽃에 둘, 꽃술에 하나. 내 마음에 하나……

또 크게 보면 사랑의 상징인 심장을 나타내고 있었다.

온통 앞뒤 몸 전체가 사랑을 표현하는 꽃이다.

누군가가 인생은 사랑하기에도 모자라는 시간이라고 하였다.

금낭화처럼 온 몸으로 사랑을 꽃 피우며 그렇게 살아가고 싶다.

회갑

벌써 회갑이라니 믿어지질 않는다.

스물다섯 살에 결혼했으니

이제는 남편과 함께 산 기간이 훨씬 길어졌다.

그 동안 두 아들을 낳고 양육하여 결혼도 시켰다.

귀여운 손녀도 둘이나 보았다.

평생 든든한 동반자가 옆에서 활짝 웃어주니 더 바랄 게 없다.

회갑 날 식구들과 함께 한 모임에서

아들이 찍어준 이미지를 보고 그렸다.

세월이 묻어나는 여유로움과 은근한 미소를

실감 있게 표현하고자 했지만 어려웠다.

그러나 그리는 내내 행복하였다.

그 날 와인으로 축배를 들었을 때 하였던 말
"이!대!로!!"
더도 말고 덜도 말고 이 행복 계속 이어지도록 노력하리라.

내가 사랑하는 얼굴!

이 얼굴을 보며 산 지 어언 36년.

세월도 많이 흘렀다.

색연필로 그리면서 내내 흐뭇하였다.

왜냐면 사진 속의 얼굴이 나를 보고 계속 웃고 있기 때문이다.

내가 사랑하는 얼굴!

나를 사랑하는 얼굴!

이처럼 웃을 때가 좋았다.

그 사람의 행복이 나의 행복이기에…….

어느 누구를 그렸을 때보다 정성을 다 했다.

이 그림은 남편의 정년기념 '라프리카' 사진 전시회에

찬조 출품작으로 나갔었다.

덕분에 내가 유명인사(?)가 되었다.

화가라고…… ㅎㅎㅎ

부편 라프리카(LAFRICA)

학승들의 호기심

미엔족 할머니

저지대 소수민족 어린이

물소의 릴렉스

행운을 파는 소녀들

소금공장의 여장부

반삼예 시장 사람들

몽족 처녀의 목물

고산지대 어린이

타이담 고산족 마을

남밍의 산골집

유료 섭다리

팍오 동굴사원

순금 프라방사원

방비엥의 풍광

인도차이나 반도의 젖줄 메콩강

산티 연못의 수련

마사이족의 축제

모자의 사랑

마사이마라 초원의 소년병

짐바브웨 사람들

아프리카 대륙을 누비는 박상기 교수

고인 물을 먹고 있는 버펄로

호우트만 어항

희망봉 등대

잠비지강의 석양

테이블 마운틴의 꽃

코티레돈꽃의 미소

누떼의 이동

기린의 애무

사자의 망중한

얼룩말의 힘겨루기

우드랜드 멧쥐의 세상 엿보기

물개들의 메카 도이키섬

아프리카 펭귄

금관조의 유유자적

룰러 카나리아의 자색

나쿠루호수의 플라밍고 무리

치타의 유희

빅토리아폭포의 쌍무지개

김정의

1942년 경기도 포천 출생
1965년 연세대학교 문과대학 사학과 졸업
1992년 성신여자대학교 대학원 사학과 졸업(문학박사)
1984~현재 한양여자대학 교수, 역사실학회·한국문명학회 회장 역임

최금숙

1947년 서울 영등포 출생
1969년 경북대학교 사범대학 가정과 졸업
1984년 연세대학교 교육대학원 가정학교육전공(교육학석사)
1969~1991년 공립 중등학교 교사
1991~1996년 유한대학 강사

먼동 김정의 교수 정년기념 부부 포토 에세이
인간과 문명 그리고 자연
김정의·최금숙

2007년 8월 14일 초판 1쇄 발행
펴낸이·오일주
펴낸곳·도서출판 혜안
등록번호·제22-471호
등록일자·1993년 7월 30일
주소·121-836 서울시 마포구 서교동 326-26번지 102호
전화·3141-3711~2 / 팩시밀리·3141-3710
E-Mail hyeanpub@hanmail.net
ISBN 978-89-8494-316-2 03040
값 15,000원